# WordPress

Markus Fasse
Marius von der Forst

**Digitale Welt** für Einsteiger

# WordPress

Professionelle Webseiten selbst erstellen

Stiftung
Warentest

# Inhaltsverzeichnis

## 23

Diese Elemente
benötigt eine
gute Webseite –
darüber hinaus
können Sie viel-
fältige Designs
mit WordPress
umsetzen.

## 38

Welcher Web-
hoster ist der
Richtige? Die
verschiedenen
Angebote im
Überblick.

## 58

Schritt für Schritt
zum ersten
eigenen Beitrag.

# Online gehen – mit WordPress

Mit einer eigenen Webseite online gehen – dafür gibt es etliche Wege. Doch keiner ist so empfehlenswert wie der mit WordPress: Zum einen ist die Software für Neulinge sehr einfach zu bedienen, zum anderen lässt sie sich umfangreich individualisieren. Kein Wunder also, dass mehr als jede vierte Seite im Web mit WordPress erstellt wurde. Welche ersten Schritte auf dem Weg zu einer eigenen Webseite nötig sind, erfahren Sie hier.

# Die eigene Onlinepräsenz

**Es lässt sich nicht bestreiten:** Das World Wide Web ist sowohl im Privaten als auch im Geschäftlichen ein bedeutender Teil des Lebens. Manche verfluchen es, andere lieben es. Doch ausblenden kann man das Web schon lange nicht mehr.

### Einfach nur online oder professionell online?

Es gibt verschiedene Möglichkeiten, sich im Netz zu präsentieren. Für manche reicht ein Konto auf einer informativen Webseite (wie beispielsweise https://www.test.de), um die eigene Meinung in Form von Kommentaren kundtun zu können.

Andere wollen sich vernetzen und austauschen und erstellen ein Profil auf Facebook, Xing oder in anderen Netzwerken. Für immer mehr Menschen ist es aber wichtig, eine eigene Onlinepräsenz auf-

**Info**

**Homepage und Webseite:** Oft wird der Begriff Homepage als Synonym für eine Webseite gebraucht. Richtig ist das aber nicht: Streng genommen ist eine Homepage die Startseite einer Webseite. Ein Onlineauftritt hat in der Regel jedoch viele Unterseiten, weshalb der Begriff Homepage nicht angebracht ist. Webseite hingegen beschreibt das ganze Paket – bestehend aus Startseite und Unterseiten.

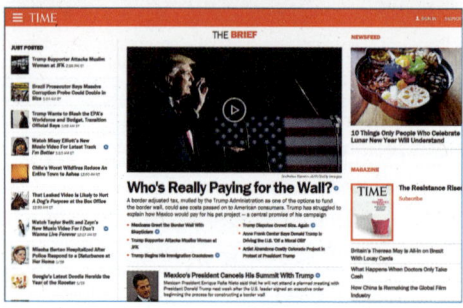

zubauen. Ob offiziell für die eigene Firma oder privat für das Lieblingshobby – mit WordPress ist das heutzutage ohne Programmierkenntnisse möglich.

Dieses Buch zeigt Ihnen anhand verschiedener Webseiten in verschiedenen Stilen, was mit WordPress machbar ist. Die Webseite einer fiktiven Band sowie eines fiktiven Australienreisejournals werden über das Buch hinweg auf- und ausgebaut, sodass Sie direkt nachverfolgen können, welche Anwendungsbereiche, Stile und Designs möglich sind.

### Variantenvielfalt von WordPress-Webseiten

Viele große Anbieter wie etwa blogger.com, tumblr.com oder jimdo.com, aber auch fast jeder Onlinespeicherdienst (auch Webspace-Anbieter genannt) wie STRATO oder 1&1 bieten Webseiten-Baukastensysteme an. Mit diesen Systemen können Sie leicht eine eigene Webseite bauen, die dann in der Regel über eine untergeordnete Adresse (wie zum Beispiel www.name-ihrer-webseite.jimdo.com) zu erreichen ist. Gegen eine monatliche Gebühr sind bei diesen Anbietern Webseitenadressen im Stil von www.name- ihrer-webseite.de möglich.

Kein Anbieter schlägt aber WordPress, was Funktionsumfang und Designvorlagen angeht. Entsprechend viele Webseiten basieren auf WordPress, wie etwa die offiziellen Webseiten Schwedens, der Rockgruppe The Rolling Stones und des US-Wochenmagazins TIME.

# Was ist WordPress?

**WordPress ist ein kostenloses CMS.** Die Abkürzung steht für Content Management System – ein System, um Inhalte zu verwalten (siehe „CMS – ein Software-Baukastensystem", S. 16). Spektakulärer klingt es, wenn man es „ein praktisches Programm zur Erstellung vollwertiger Webseiten" nennt.

WordPress gibt es seit 2004. Mittlerweile basieren über einem Viertel aller Webseiten weltweit auf WordPress (siehe Grafik, S. 11). Dies fördert und befeuert eine riesige Gemeinschaft, die sich gegenseitig hilft und zusätzliche kleine Programme kostenfrei zur Verfügung stellt (siehe „Mit Plug-ins die Webseite ...", S. 120). In der Konsequenz bietet Jimdo etwa nur knapp 20 unterschiedliche Designvorlagen für eine Webseite an, WordPress hingegen Tausende.

### Zwei WordPress-Varianten

WordPress gibt es in zwei Varianten:

▶ **Alleinstehend:** Über wordpress.org können Sie die Software kostenlos herunterladen. Hier finden Sie auch Theme-Vorlagen, Plug-ins und Hilfestellung. Die Software installieren Sie auf Ihrem Webspace, den Sie bei einem Anbieter (Webhoster) gegen eine geringe monatliche Gebühr mieten (siehe „Die Suche nach dem richtigen Tarif", S. 31). Der Name Ihrer Webseite würde dann etwa lauten: www.ihr-name.de.

▶ **Eingebunden:** Auf wordpress.com können Sie sich mithilfe eines Online-Baukastensystems gratis eine eigene Webseite innerhalb der WordPress-Plattform erstellen. Die Webspace-Miete beim Hoster entfällt dadurch – diese Variante kostet also überhaupt nichts. Allerdings sind hier die Designs und Stile weniger ausführlich. Ihr Webseitenname lautet etwa: www.ihr-name.wordpress.com. Später können Sie jederzeit zur alleinstehenden Variante wechseln (siehe auch „Vergleich beider WordPress-Varianten im Detail", S. 26).

Dieser Ratgeber kann grundsätzlich für beide Varianten verwendet werden. Einige Anleitungen sind jedoch nur in den erweiterten Möglichkeiten der alleinstehenden Variante umsetzbar.

Die alleinstehende Variante bietet einen entscheidenden Vorteil: Ihre Webseite ist nicht an einen bestimmten Webspace-Dienstleister gekoppelt. Veröffentlichen Sie eine mit WordPress erstellte Webseite, können Sie diese in Zukunft samt zugehöriger Webadresse auch über einen anderen Host (zu Deutsch: Gastgeber, meint im Netz den Dienstleister, der Webservice in Form von Speicherplatz etc. zur Verfügung stellt) betreiben.

Dieser Vorgang ist vergleichbar mit dem Wechsel eines Telefonanbieters samt Rufnummermitnahme. Mit einer Webseite, die an ein anbietereigenes Baukastensystem gekoppelt ist, ist solch ein Umzug nicht möglich.

# Welches Ziel verfolgen Sie mit Ihrer Webseite?

**Keine Webseite ohne Ziel!** Sie sollten Ihren Onlineauftritt nicht einfach umsetzen, ohne sich zuvor Gedanken gemacht zu haben, was Sie damit bezwecken wollen. Möchten Sie sich etwa professionell präsentieren, sollten Sie genau wissen, welches Ziel Sie mit der eigenen Webseite verfolgen. Überlegen Sie ebenfalls, welche Zielgruppe Sie erreichen möchten.

Selbst wenn Sie Ihre Webseite nicht kommerziell nutzen, ist es ratsam, sich zu überlegen, wen Sie mit Ihrer Webseite ansprechen möchten.

### Für wen ein professioneller Onlineauftritt interessant ist

▶ **Das können etwa Selbstständige** sein, die eine Webseite als digitale Visitenkarte nutzen möchten. Ein Portfolio mit Lebenslauf und Arbeitsproben sowie eine Auswahl an Kundenstimmen dienen als Referenz für potenzielle Kunden. Ihre Kontaktdaten liegen gut auffindbar auf der Startseite und bei Bedarf können Kunden Ihnen direkt über ein Formular eine Anfrage schicken. Eine kleine Karte zeigt den Standort Ihres Geschäfts oder Ihrer Geschäftsstellen. Und ganz nebenbei erhöht sich Ihre Chance, gefunden zu werden, wenn jemand online nach Ihrem Dienst sucht.

▶ **Aber auch für Freiberufler,** die neben der normalen Arbeit mit einem Hobby Geld verdienen wollen, ist eine Webseite lohnenswert. Egal, ob man selbst gestrickte Mützen verkaufen oder sich als Party-DJ anbieten möchte: Eine mithilfe von WordPress erstellte Internetseite hilft auch hier beim Gefundenwerden, beim Vorstellen des eigenen Angebots sowie bei der Kontaktaufnahme.

▶ **Schließlich kann auch im privaten Umfeld** eine eigene Webseite praktisch sein. Haben Sie etwas Ungewöhnliches erlebt und möchten Ihr Wissen teilen, ist eine eigene Internetseite genau das Richtige, um andere von Ihrem Erfahrungsschatz profitieren zu lassen. So gibt es Menschen, die darüber berichten, wie sie eine schwe-

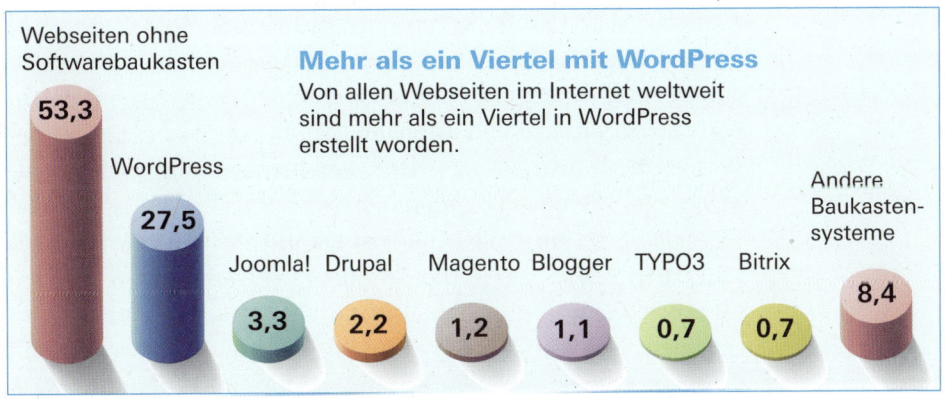

Webseiten ohne Softwarebaukasten: 53,3

**Mehr als ein Viertel mit WordPress**
Von allen Webseiten im Internet weltweit sind mehr als ein Viertel in WordPress erstellt worden.

WordPress: 27,5
Joomla!: 3,3
Drupal: 2,2
Magento: 1,2
Blogger: 1,1
TYPO3: 0,7
Bitrix: 0,7
Andere Baukastensysteme: 8,4

Quelle: https://w3techs.com/technologies/history_overview/content_management/all/y (24.2.2017).

re Krankheit besiegt haben, oder Hundeliebhaber, die Tipps für ein erfolgreiches Hundetraining geben. Ob Sie eine Leserschaft versammeln und gemeinsam mit allen über den Bau von Modellflugzeugen diskutieren oder als alleiniger Autor Abhandlungen über mittelalterliche Kathedralen verfassen möchten: Die Gründe und Möglichkeiten, sich online mit einer eigenen Webseite zu präsentieren, sind vielfältig.

WordPress kann all diese verschiedenen Ansprüche an eine Webseite erfüllen und sie entsprechend individuell aussehen lassen. Was alles möglich ist, sehen Sie auch im Kapitel „Individuell gestaltete Webseiten mit WordPress", S. 23. Es ist also kaum verwunderlich, dass über ein Viertel aller Webseiten mit WordPress erstellt wurden.

### Der richtige Name und die passende Domain

Wissen Sie schon, wie Ihre Webseite heißen soll? Bereits bei der Installation müssen Sie einen Seitentitel eingeben; später sollten Sie auch einen Untertitel hinzufügen. Beide Titel sind in der Folge nicht nur auf Ihrer Webseite zu finden, sondern erscheinen auch in Browsertabs oder etwa in der Ergebnisliste einer Google-Suche. Deswegen ist es wichtig, dass Sie sich einen aussagekräftigen Namen und eine sinnvolle Beschreibung in Form eines Untertitels ausdenken.

Sie müssen sich außerdem überlegen, wie die Adresse Ihrer Webseite lauten soll. Im Prinzip hat jede Webseite eine eigene Adresse in Form einer Nummer, die sogenannte IP-Adresse (siehe „Der Datenverkehr im Internet", S. 14). Diese kann man sich aber nicht so gut merken, weshalb man eine Domain benötigt: die Webseitenadresse. In der Regel ist so eine Domain aber im Preis eines Webspaces inbegriffen (siehe „Die Suche nach dem richtigen Tarif", S, 31).

Idealerweise sagt dieser Domainname bereits (direkt oder im übertragenen Sinne) aus, worum es auf Ihrer Webseite geht. Hier haben Sie nicht ganz so viele Freiheiten, da geläufige Namen für Webadressen oftmals schon vergeben sind. Geben Sie probehalber Ihren Wunschnamen im Internetbrowser ein und prüfen Sie, ob der gewünschte Name bereits zu einer Webseite gehört.

Doch selbst wenn bei Ihrer Suche keine Internetseite angezeigt wird, heißt das nicht, dass die Adresse niemandem gehört. Sie testen das, indem Sie eine der folgenden Webseiten aufrufen:

► **denic.de:** Dies ist der Webauftritt der Vergabestelle aller Webadressen, die auf die Top-Level-Domain (das ist der hintere Teil einer Adresse) „de" enden. Hier können Sie mithilfe eines Suchfelds überprüfen, ob Ihre Wunschadresse noch frei ist. Unter denic.de müssen Sie aber keine Adressen registrieren, das macht der Webanbieter Ihrer Wahl für Sie (siehe „Tarifumfänge: Leistungen ...", S. 35).

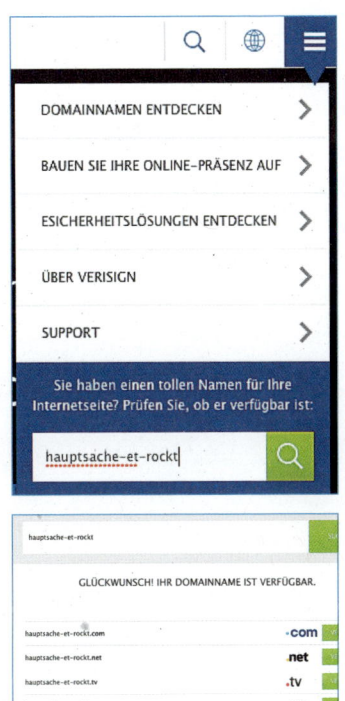

► **verisign.com:** Ist die gewünschte .de-Domain schon vergeben, können Sie auch andere Top-Level-Domains ausprobieren. Verisign.com ist die Anlaufstelle des Registrars für .com- und .net-Domains. Oben rechts müssen Sie nur auf den Menü-Button klicken und dann im gezeigten Suchfeld den Namen der Webadresse (ohne Endung) eingeben.

► **info.info:** Wenn Sie Ihre Adresse mit dieser Endung verwenden möchten, ist dies die richtige Anlaufstelle.

Es gibt viele weitere Top-Level-Domains. Damit Sie nicht alle Verwaltungsstellen einzeln aufsuchen müssen, können Sie auch auf der Webseite des Webspace-Anbieters Ihrer Wahl recherchieren. Hier finden Sie in der Regel ein Feld für die Domainsuche. Ihr gewünschter Anbieter nennt dann eine Fülle an möglichen Top-Level-Domains und zeigt, welche bereits vergeben sind und welche nicht. Diese freien können Sie sich wählen.

# Internet, Webseiten und CMS

**Die Software WordPress** wird nicht wie ein Office-Paket oder Browser auf einem Windows-Computer oder Mac installiert. In der Regel werden Webseiten-Programme auf einem Server eingerichtet. Bei einem Server handelt es sich im Prinzip ebenfalls um einen Computer, der jedoch leistungsstärker als ein Heimrechner und speziell für Arbeiten im Web konzipiert ist. Einen Server kann man entweder für viel Geld kaufen oder aufwendig selbst konfigurieren und mit dem Internet verbinden. Die einfachste und günstigste Möglichkeit ist aber, sich ein kleines Plätzchen auf einem bereits fertig installierten Server zu mieten. Typische Serveranbieter sind beispielsweise STRATO, HostEurope oder 1&1 (siehe „Webhoster: Angebote im Vergleich", S. 37).

Die WordPress-Software ist also ein serverseitiges Programm: Möchten Sie von zu Hause aus eine Webseite erstellen und verwalten, benötigen Sie dafür kein spezielles Programm auf Ihrer Festplatte, sondern nur Ihren Webbrowser (zum Beispiel Internet Explorer, Edge, Mozilla Firefox, Google Chrome oder Safari).

### Der Datenverkehr im Internet

Um genau zu verstehen, wie eine Webseite funktioniert, ist es interessant zu wissen, wie der Datenverkehr im Internet grundsätzlich abläuft. Das Internet ist im Prinzip nichts anderes als ein gigantisches Netzwerk von Computern, Heimrechnern und Servern. Der Teil des Internets, über den sich Webseiten grafisch abrufen lassen, ist das berühmte World Wide Web (kurz WWW). Eine Webseite ist also auf einem Server gespeichert und kann von jedem Computer aus abgerufen werden, der mit dem Internet verbunden ist.

Jeder Ort im Netz ist mit einer konkreten, aus einer Reihe von Zahlen bestehenden Adresse gekennzeichnet – der IP-Adresse. Die IP-Adresse der Homepage der Stiftung Warentest lautet beispielsweise 104.45.6.189. Klar, sich eine solche Zahlenreihe einzuprägen, wäre viel zu mühselig. Dafür gibt es die eingängigeren Webadressen (in diesem Fall test.de).

Geben Sie eine gewünschte Webadresse in den Browser ein, muss Ihr Computer erst einmal über das WWW abfragen, ob es diese Webseite gibt und wie die entsprechende IP-Adresse lautet. Dazu wird ein Befehl an Ihren Internet-Provider geschickt. Der kann bereits anhand der Endung, also der Top-Level-Domain, erkennen, wo der Server der Webseite steht. Da test.de eine de-Domain ist, kann man direkt erkennen, dass der Serverstandort in Deutschland sein muss.

Alle weiteren Infos, nämlich auf welchem Server genau die Webseite liegt, muss der Provider auch erst abfragen. Hierbei wendet er sich an ein sogenanntes Domain Name System (DNS). Wie bei einer Telefonauskunft fragt der Provider dort nach, wie die IP-Adresse von test.de lautet. Sobald der Provider diese kennt, kann er den entsprechenden Server über viele Knotenpunkte, manchmal auch über Umwege, erreichen. Was sich anhört wie ein langer Stau auf der Datenautobahn, ist im Bruchteil einer Sekunde erledigt – und schon erscheint die gewünschte Webseite in Ihrem Browser.

**Webseiten: HTML, PHP und Co.**

Von einer Webseite sieht der Besucher nur die – im Idealfall ansprechend gestaltete – Benutzeroberfläche. Aber dahinter verbirgt sich ein sehr komplexer Code. Denn eine Webseite wird anhand verschiedener Skript- und Auszeichnungssprachen erstellt. Zunächst einmal besteht eine Webseite aus den Sprachen HTML und CSS: Struktur und Inhalt einer Webseite sind mit HTML festgelegt, während CSS das gestalterische Gerüst darstellt und beispielsweise Schriftgrößen, Farben und vieles mehr regelt.

Darüber hinaus gibt es zahlreiche weitere Codes, die eine Webseite ausmachen. JavaScript zum Beispiel sorgt unter anderem für Animationen auf einer Webseite. PHP wird für aufwendigere, dynamische Anwendungen genutzt (und ist zum Beispiel auch in Word-Press enthalten).

Wer eine Webseite erstellen möchte, sollte also mit Skriptsprachen umgehen können. Dazu sind Programmierkenntnisse unerlässlich. Nicht jeder hat allerdings die Kapazität, sich das Programmieren selbst beizubringen oder zeitintensive Kurse zu besuchen. Genau deshalb gibt es Programme wie WordPress, die einem diese Arbeit abnehmen.

### CMS – ein Software-Baukastensystem

CMS bedeutet Content-Management-System, also ein System zum Verwalten von Inhalten – wobei diese Inhalte Ihre Texte, Bilder, Videos, Dateien und mehr sein können. Das Wort „Content" wird in diesem Zusammenhang längst auch im deutschen Sprachgebrauch verwendet.

Gute CMS funktionieren wie ein Baukastensystem: Man muss nicht jeden einzelnen Block selbst schnitzen, sondern kann die bereits vorbereiteten Bauklötzchen nach den eigenen Vorstellungen zu einem individuellen Gebilde zusammenfügen. So gelingt es selbst Personen mit nur rudimentär oder überhaupt nicht vorhandenen Programmierkenntnissen, ganze Webseiten zu erstellen. Wie schon erwähnt, arbeiten diese serverseitig, sodass jeder, der online ist und einen Browser hat, auf ein solches System zugreifen kann – ohne ein Programm installieren zu müssen.

Wenn Sie ein CMS wie WordPress auf einem Webserver installieren, haben Sie bereits eine fertige Webseite erstellt. Sie müssen sie nicht mehr programmieren, sondern lediglich die Form, den Inhalt und das Aussehen anpassen.

Mehr noch: Ein CMS ist so aufgebaut, dass es in der Regel zeitgleich von mehreren Anwendern genutzt werden kann. Zudem lassen sich verschiedene Nutzerrollen einrichten. Ein Redakteur beispielsweise kann nur Texte erstellen und veröffentlichen; ein Administrator hingegen kann auch Einstellungen verändern oder Nutzer-

Info

**Zugriff auf die WordPress-Webseite:** Es gibt verschiedene Möglichkeiten, auf seine WordPress-Webseite zuzugreifen.

▶ **Browser:** In der Regel greift man über einen normalen Webbrowser auf eine Webseite zu. Für die Nutzung von WordPress ist es also nicht nötig, eine spezielle Software zu installieren. Andere CMS-Anbieter benötigen solche spezielle Windows- oder Mac-Software, die Ihnen den Zugang zur Bearbeitung Ihrer Webseite ermöglicht – bei WordPress ist das wie gesagt nicht der Fall.

▶ **App:** Es gibt eine WordPress-App, die die Nutzung des CMS auf Smartphones oder Tablets möglich macht. Das eignet sich für alle, die ihre Webseite gerne auch von unterwegs bearbeiten möchten und denen der mobile Browser zu sperrig ist (siehe „Webseite mobil bearbeiten", S. 153).

▶ **FTP:** Ein anderer, wichtiger Weg, auf seine serverseitige Webseite zuzugreifen, ist über das sogenannte File Transfer Protocol, kurz FTP. Diese Ansicht ähnelt einer Ordnerstruktur auf dem PC und bietet so eine gute Übersicht über die vielen Codes und Dateien auf und in Ihrer Webseite. Es gibt verschiedene Möglichkeiten, diese Ordnerstruktur anzusehen und die enthaltenen Dateien zu bearbeiten (siehe „FTP-Zugang", S. 36).

rechte verwalten. Ein CMS ist also perfekt, wenn man eine Webseite gemeinsam mit weiteren Personen betreuen möchte.

WordPress ist natürlich nicht der einzige Anbieter eines CMS. Vielleicht ist es nicht einmal der beste – andere Anbieter wie Joomla!, Drupal und TYPO3 haben ebenfalls tolle Funktionen. WordPress macht es aber Einsteigern sehr leicht und ist daher weit verbreitet.

# WordPress auf den ersten Blick

**Ursprünglich wurde WordPress** speziell für Blogger entwickelt: Auf der voreingestellten Startseite wurden stets die neuesten Beiträge angezeigt. Längst jedoch wurde WordPress so angepasst, dass sich damit auch sehr gut Webseiten erstellen lassen, die mit Blogs oder Newsportalen nichts mehr gemeinsam haben.

### Front-End

In einem Kinofilm sehen Sie in jeder Szene nur einen bestimmten Ausschnitt. Aber hinter den Kulissen und der Kamera verbergen sich unzählige Mitarbeiter, die für Ton, Licht, Catering und mehr sorgen. Ohne sie läuft keine Filmproduktion.

Genauso verhält es sich auch mit einem CMS wie WordPress: Gehen Sie auf eine Webseite, sehen Sie nur das Resultat, also das, was Sie als Besucher sehen sollen. Die Konstruktion dahinter bleibt Ihnen verborgen. Das, was der Gast auf einer Seite sieht, nennt man Front-End (vorderes Ende).

Eine „frische" WordPress-Seite direkt nach der Installation des CMS sieht für Besucher einerseits noch recht karg aus: Es fehlen Bilder und fast alle Texte. Andererseits ist sie bereits voll funktionsfähig und jeder kann bereits auf ihr navigieren.

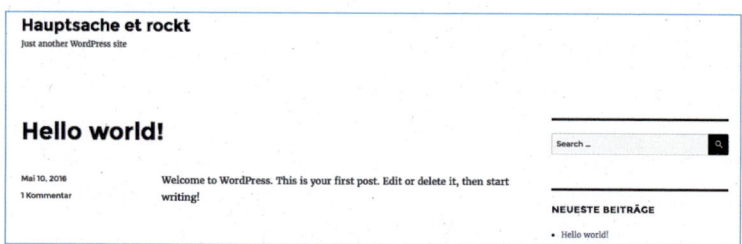

**Back-End**

Die Schaltzentrale zum Erstellen und Verwalten der Software – und damit Ihrer Webseite – nennt man Back-End (hinteres Ende). Auf diese haben nur Sie und von Ihnen ermächtigte Personen Zugriff. Hier sehen Sie eine Übersicht der Benutzeroberfläche des Back-Ends in WordPress.

1. **Haupt-Benutzeroberfläche:** Der Großteil des Fensters wird von der hauptsächlichen Benutzeroberfläche eingenommen. Hier wird der Bereich gezeigt, den Sie über die Navigation aufrufen. Als Startseite finden Sie an dieser Stelle das sogenannte Dashboard, das wie eine Pinnwand die wichtigsten Informationen zu Ihrer Webseite anzeigt.

2. **Werkzeugleiste:** Oben am Rand finden Sie die Werkzeugleiste (auch Toolbar genannt). Mit den einzelnen Werkzeugen können Sie beispielsweise zum Front-End (also der gestalteten Webseite) und zurück navigieren, schnell neue Beiträge erstellen oder Leserkommentare zu Ihren Beiträgen verwalten. Ganz rechts oben in der Werkzeugleiste können Sie Ihr Profil anpassen, Ihre Kontoeinstellungen bearbeiten oder sich vom Back-End ausloggen.

3. **Hauptmenü:** Links am Rand finden Sie das Hauptmenü Ihres Back-Ends. Hier gelangen Sie zu allen Einstellungsbereichen Ihrer Webseite: Der Menüpunkt, den Sie anklicken, erscheint anschließend auf der zentralen Benutzeroberfläche.

4. **Dashboard:** Das Dashboard ist die Startseite des WordPress-Back-Ends. Hier werden alle aktuellen Informationen zu Ihrer Webseite dargestellt. Sind für Ihren Blog Updates fällig (für WordPress oder für einzelne Webseiten-Elemente), werden diese unter Aktualisierungen angezeigt.

5. **Beiträge:** Unter Beiträgen versteht man einzelne Blogposts. Diese lassen sich über den Menüpunkt *Blogbeiträge* erstellen und verwalten. Auch Themen-Kategorien oder Schlagworte für Ihre Beiträge können Sie hier bearbeiten.

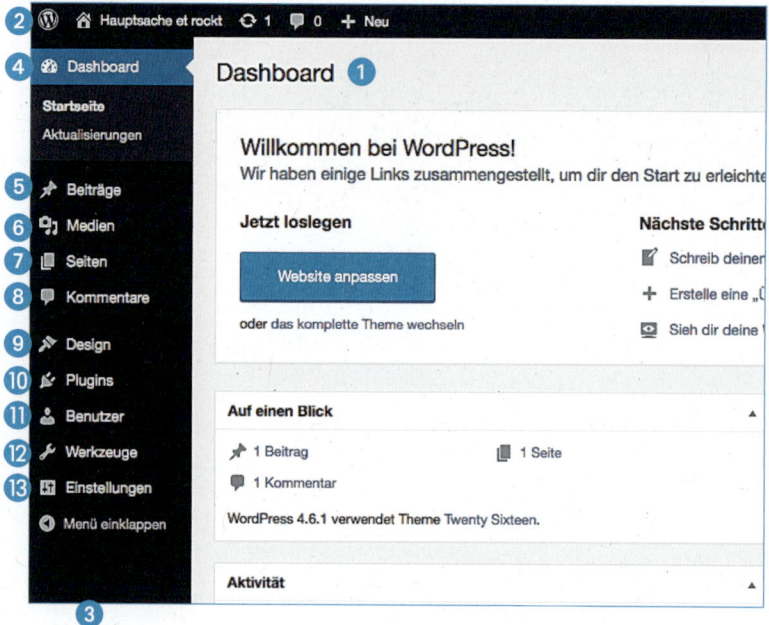

6 **Medien:** Alles, was Sie zusätzlich zu Ihren Texten auf Ihrer Webseite einbinden, also Bilder, Videos oder Audiodateien, wird in einer eigenen Mediathek gesammelt.

7 **Seiten:** Über den Menüpunkt *Seiten* erstellen Sie sämtliche Unterseiten für Ihre Webseite: Homepage, Impressum, Kontaktseite und viele mehr.

8 **Kommentare:** Wie bereits erwähnt, können Leser Ihre Beiträge kommentieren. Hier können Sie alle Kommentare einsehen, freigeben oder gegebenenfalls löschen.

9 **Design:** WordPress bietet die Möglichkeit, das äußere Erscheinungsbild Ihrer Webseite Ihren Wünschen entsprechend zu gestalten. Dafür können Sie aus einer Vielzahl an Themes (zu Deutsch: Thema oder Leitmotiv) wählen. Diese Designvorlagen können Sie darüber hinaus individualisieren. Auch viele andere

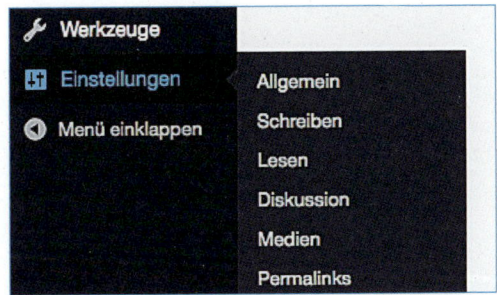 

Webseite-Elemente – wie Kopfbereich, Menüleisten oder Hintergrund – können Sie hier bearbeiten.

**⑩ Plugins:** Unter Plug-ins versteht man Erweiterungen, die den Funktionsumfang Ihrer Webseite ergänzen.

**⑪ Benutzer:** Ihre Webseite kann von mehreren Personen betreut werden. Diese Personen – sowie auch Ihr eigenes Administrator-Nutzerkonto – managen Sie hier.

**⑫ Werkzeuge:** Hier können Sie Hilfsmittel aufrufen, Daten importieren und exportieren und die Webseite löschen.

**⑬ Einstellungen:** Alle grundlegenden Einstellungen legen Sie in diesem Menü fest.

### → Untermenüs

In der Regel hat jeder Menüpunkt in der Navigation links auch untergeordnete Menüpunkte. Diese sehen Sie, wenn Sie mit der Maus über den jeweiligen Button (zum Beispiel *Einstellungen*) fahren (siehe linkes Bild). Klicken Sie einen Menüpunkt an, wird das jeweilige Untermenü gleich darunter angezeigt.

Je nachdem, welche Plug-ins Sie später installieren, werden das Navigationsmenü sowie gegebenenfalls Untermenus mit weiteren Schaltflächen zu den jeweiligen Zusatzfunktionen erweitert. Direkt nach der Installation jedoch sieht das WordPress-Back-End so aus, wie es hier dargestellt ist.

Info

**Weitere Schaltzentrale:** Neben dem Back-End von WordPress gibt es eine weitere Schaltzentrale für Ihre Webseite: das Kundenkonto bei dem Anbieter, über den Sie Webspeicher und Domain beziehen. In diesem Bereich verwalten Sie die WordPress-Installation, Datenbanken, Log-in-Daten, E-Mail-Konten und mehr.

Das WordPress-Back-End wird für den Bau und den Inhalt der Webseite benötigt und wird deswegen nach der Bestellung weitaus öfter genutzt als das Kundenkonto beim jeweiligen Webspace-Anbieter.

# So ist eine gute Webseite aufgebaut

**Im Grunde werden** Ihnen bei der freien Gestaltung einer Webseite durch WordPress kaum Grenzen gesetzt. Dennoch hat sich über die Jahre eine grobe Struktur für eine typische Webseite abgezeichnet, die in der Regel auch in WordPress zu finden ist:

**1** **Header:** Oben befindet sich die Kopfzeile, auch Header genannt. Dieser kann entweder sehr schmal oder bildschirmfüllend sein; oft ist er bebildert, manchmal zeigt er aber ausschließlich den Namen und den Untertitel der Webseite an.

**2** **Menü:** Dieses ist oft horizontal unter oder über dem Header angelegt, kann sich aber auch an der Seite (vor allem links) befinden. Umfangreiche Webseiten besitzen mehr als ein Menü, wobei eines davon immer das Hauptmenü ist, während zusätzliche Menüs eher klein und am Rand (für weniger wichtigere Daten) platziert oder speziell für Social-Media-Links genutzt werden.

**3** **Hauptteil der Webseite:** Zwischen Header und Footer befindet sich der Hauptteil mit dem Inhalt der Webseite (wie etwa Blogbeiträgen).

**4** **Sidebar:** Die rechts daneben befindliche Spalte, auch Seitenleiste oder Context-Spalte genannt, bietet weitere Infos, Links, Verzeichnisse oder Kontaktinfos.

**5** **Footer:** Die Fußzeile kann weitere Menüs und Informationen zur Webseite enthalten.

# Individuell gestaltete Webseiten mit WordPress

**Die neue WordPress-Seite** wirkt noch recht uniform. Sie lässt sich aber durch viele, oft kostenlose Plug-ins und Design-Themes individuell und ansprechend gestalten.

Im Folgenden stellen wir Ihnen einige Webseiten vor, die mit WordPress erstellt wurden, sich jedoch bezüglich Stil, Aufbau und Optik teilweise sehr stark voneinander unterscheiden:

▶ **kiezbaecker.berlin:** Bäckereien haben eher pragmatische Webseiten. Nicht der Kiezbäcker Berlin: Zum einen hat er eine kreative Top-Level-Domain, zum anderen stellt er in einem Slider seine appetitlichen Backwaren ansprechend dar.

▶ **textquartier.net:** Auch die Autoren dieses Buchs setzen auf WordPress. Mit ihrer Firmen-Webseite textquartier.net stellen sie sich und ihre Arbeit der Öffentlichkeit vor. Die Startseite ist relativ schlicht, fällt jedoch durch ein großes Bild auf.

▶ **travel-du.de:** Der Travel-Dude ist ein Blogger, der gerne von seinen Reisen rund um den Globus berichtet. Slideshows und groß bebilderte Themensammlungen machen die Startseite aus. Ein klassischer, aber modern gestalteter WordPress-Blog.

▶ **blei-heizungsbau.de:** Der Webauftritt vom Heizungs- und Sanitärbetrieb Blei arbeitet mit dem modernen Parallax-Effekt: Beim Scrollen bewegt sich der Hintergrund langsamer als die Inhalte (siehe „ColorWay: Die ideale Präsentationsplattform", S. 118).

▶ **photobildband.de:** Die Betreiber des Blogs photobildband.de haben sich auf das Rezensieren von Bildbänden spezialisiert. Die Startseite kommt ohne bebilderten Header aus, dafür werden die Beiträge mittels großer, quadratischer Bildkacheln angezeigt.

▶ **brdr-kruger.com:** Dass man WordPress auch für einen modern gestalteten Webkatalog verwenden kann, zeigt ein dänisches Möbelbauunternehmen. Für einen umfangreichen Onlineshop sind Shop-CMS aber besser geeignet, etwa Shopify. Für eine knappe Produktpräsentation oder für einen kleinen, übersichtlichen Onlineshop, der mithilfe entsprechender Plug-ins realisiert wird, ist WordPress aber ausreichend.

### → Beispiel-Webseiten beim Entstehen zuschauen

Neben den vielen Beispielen real existierender Webseiten erfahren Sie in diesem Buch, wie Sie mit WordPress Schritt für Schritt Ihre eigene Webseite gestalten können. Zwei verschiedene Webseiten werden in den folgenden Kapiteln aufgebaut: Zum einen sehen Sie, wie ein in der Freizeit erstellter Reiseblog nach und nach erstellt und mit Inhalten gefüllt wird. Zum anderen können Sie nachvollziehen, wie eine fiktive Hobbyband eine Webseite baut, um über Konzerte zu berichten und für Auftritte gebucht zu werden.

WordPress ist kinderleicht zu bedienen und bietet gleichzeitig eine

Fülle an Möglichkeiten, Ihre Webseite oder Ihren Blog einzigartig zu gestalten. Wie Sie beginnen, und wie Sie Ihre Seite Schritt für Schritt aufbauen können, zeigen Ihnen die folgenden Kapitel.

# Vergleich beider WordPress-Varianten im Detail

**Wie bereits erwähnt,** ist WordPress in zwei Varianten erhältlich. Neben der alleinstehenden Variante zum Herunterladen auf Word-Press.org existiert auch die Onlineversion auf WordPress.com.

### WordPress.com als vereinfachter Onlinebaukasten

Eingangs wurden einfache Baukasten-CMS besprochen, die ohne eigenen Webspace und in der Regel auch ohne eigene Domain funktionieren: Anbieter wie blogger.com oder tumblr.com präsentieren solche simplen Webseiten-Lösungen.

Die Onlineversion von WordPress ist ein vergleichbares System. Sie können diese leicht abgespeckte Version des CMS nutzen, um eine Webseite zu bauen. So sparen Sie die monatlichen Kosten für die Miete des Webspace, haben aber „nur" eine Webadresse wie etwa www.ihr-name.wordpress.com. Vielleicht reicht Ihnen das. Es steht Ihnen jederzeit frei, zum umfangreicheren Modell zu wechseln.

### Vorteile von WordPress.com

Wer keinen Wert auf eine eigene Domain legt, der kann solch eine kostenlose Webseite erstellen und präsentieren. Weder für den Webspace, noch für die Webadresse werden Ihnen in diesem Fall Kosten berechnet. Weitere Vorteile sind, dass Sie im Gegensatz zu einer eigenen WordPress-Installation keine Updates machen und zudem über keinerlei IT-Know-how verfügen müssen.

Doch bevor Sie kurz entschlossen zur vereinfachten Version greifen: Keine Sorge, auch die in diesem Buch vorgestellte „erweiterte" WordPress-Variante, die Sie selbst betreiben, ist nicht kompliziert. Außerdem bietet sie viel mehr Möglichkeiten.

Letztlich entscheiden Sie selbst. Viele der Tipps in diesem Buch gelten auch für die kostenlose WordPress.com-Variante.

## Nachteile von WordPress.com

Wer einen professionellen Webauftritt plant, hat meist konkrete Vorstellungen vom Aussehen seiner Webseite. Denn

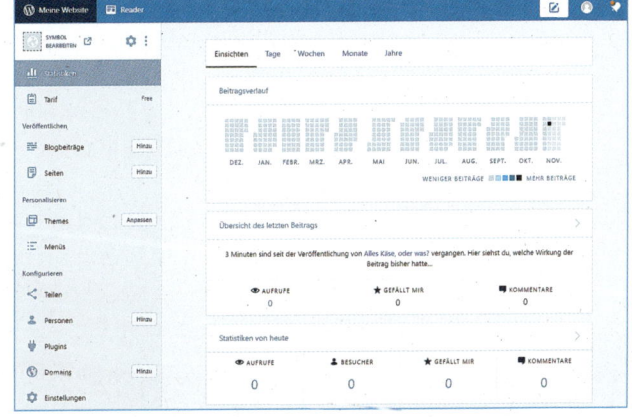

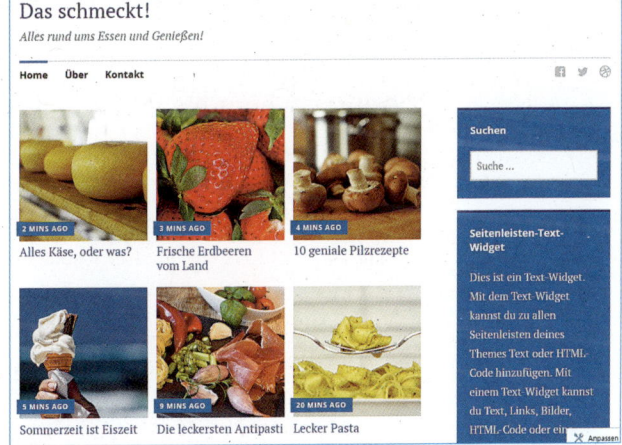

schließlich ist Ihre Webseite auch Ihr Aushängeschild und soll seriös wirken. Wollen Sie solche Vorstellungen ohne Abstriche umsetzen, geht das nicht in der kostenlosen WordPress.com-Variante. Im Vergleich zum vollwertigen WordPress hat WordPress.com folgende Nachteile:

▶ **Domain:** Wie schon erwähnt, bietet die kostenlose Version mit WordPress.com keine eigene Domain an, Sie haben immer den wordpress-Zusatz in der Internetadresse. Das bedeutet, dass Sie auch auf seriöse E-Mailadressen wie *kontakt@meine-eigene-domain.de* verzichten müssen – auch hier greift der wordpress-Zusatz.

▶ **Speicherplatz:** Mit der WordPress.com-Variante erhalten Sie nur drei Gigabyte Speicherplatz. Das ist für viele Blogs ausreichend, doch gerade dann, wenn Sie viele Fotos oder Videos veröffentlichen möchten, werden Sie schnell an die Grenzen stoßen.

▶ **Themes:** Für die Gestaltung der Webseite lassen sich sowohl bei WordPress als auch bei WordPress.com verschiedene Design-Themes wählen. Doch während Sie bei einer üblichen WordPress-Nutzung die Wahl zwischen Tausenden (kostenlosen wie auch kostenpflichtigen) Themes haben, stehen Ihnen bei WordPress.com aktuell nur etwa 370 Vorlagen zur Verfügung. Das klingt viel, doch wer einen außergewöhnlichen Webauftritt wünscht, der sollte darauf achten, dass seine Webseite möglichst unverwechselbar ist. Bei einer Auswahl von nur 370 Themes gegenüber Millionen von Nutzern ist das nicht gewährleistet.

▶ **Werbung:** Wer mittels der Präsentation von Werbebannern Geld mit seiner Webseite verdienen will, der kann das in der WordPress.com-Variante nicht tun.

Mehr noch: WordPress selbst platziert Eigenwerbung auf Ihrem Blog.

▶ **Plug-ins:** Der größte Nachteil einer WordPress.com-Seite im Vergleich zu einer normalen WordPress-Seite ist, dass sich keine Plug-ins installieren lassen. Zwar sind 20 Plug-ins von Haus aus vorhanden, die sich

**Enthaltene Plugins**

Jeder Tarif enthält eine Reihe von Plugins, die speziell auf die Verbesserung deiner Website zugeschnitten sind.

Standard-Plugins ✓ AKTIV

| **Statistiken** TRAFFIC GROWTH | **Sicherheitsscans** PERFORMANCE | **Erweiterte Galerien** APPEARANCE |
|---|---|---|
| Besuche deiner Website, Referrer und mehr anzeigen | Kontinuierliche Überwachung deiner Website auf Bedrohungen. | Gekachelt, Mosaik, Diashows und mehr. |
| **Social Media** TRAFFIC GROWTH | **Formular-Ersteller** APPEARANCE | **Publicize** TRAFFIC GROWTH |
| Füge zu deinen Beiträgen und Seiten Social Media-Buttons hinzu. | Erstelle Kontaktformulare, damit sich Besucher bei dir melden können. | Teile deine Beiträge automatisch auf Facebook, Twitter, Tumblr und vielen anderen mehr. |
| **E-Mail Abonnements** MISC | **Erweiterter Customizer** APPEARANCE | **Erweiterte Widgets** APPEARANCE |
| Ermöglicht es deinen Lesern, deine Beiträge per E-Mail zu abonnieren. | Bearbeite Farben und Hintergründe. | Eventbrite, Flickr, Google-Kalender und mehr. |

ⓘ Das Hochladen eigener Plugins auf WordPress.com ist nicht möglich.  Mehr erfahren ↗

bei Bedarf aktivieren oder deaktivieren lassen. Den vollen Umfang an Plug-ins, die der Anpassung einer Webseite und der Erweiterung des Funktionsumfangs dienen, erhalten Sie nur bei einer vollwertigen WordPress-Installation. Selbst die kostenpflichtigen Versionen von WordPress.com bieten keine Möglichkeit, Plug-ins zu installieren.

**WordPress.com zum Testen**

Natürlich können Sie WordPress.com zunächst vorläufig ausprobieren. So können Sie kostenlos einen ersten Eindruck von dem CMS gewinnen, ohne bereits Webhosting-Verträge mit 12 Monaten Laufzeit abgeschlossen zu haben.

Machen Sie sich mit der Benutzeroberfläche und den vielen Funktionen vertraut und testen Sie verschiedene Themes, um ein Gefühl für den Umgang zu entwickeln. Das Schreiben und Gestalten von Artikeln beispielsweise unterscheidet sich nicht wesentlich von dem, was im dritten Kapitel zur vollständigen WordPress-Installation gezeigt wird (siehe „Beiträge erstellen, bearbeiten, prüfen und planen", S. 55).

Wenn Sie Gefallen gefunden haben, können Sie auch später mit Ihrer Webseite und allen Inhalten jederzeit zum „großen" WordPress-Dienst umziehen.

→ **Daten exportieren**

Es ist möglich, eine auf WordPress.com erstellte Webseite in eine selbst betriebene WordPress-Seite zu importieren. Beachten Sie aber, dass manche Einstellungen eventuoll nicht vollständig übertragen werden. Ihre Beiträge und Medien werden Sie aber auf jeden Fall importieren können (siehe „Daten von anderen Weblog-Plattformen importieren, S. 139).

# Vorbereitung für WordPress

Um mit WordPress durchstarten zu können, benötigen Sie ausreichend Speicherplatz auf dem Server eines sogenannten Webhosters. Auf den folgenden Seiten erhalten Sie eine Übersicht über verschiedene Anbieter und Tarife. Darüber hinaus erfahren Sie, wie Sie die WordPress-Software richtig installieren, um anschließend mit der Arbeit an Ihrer individuellen Webseite beginnen zu können.

# Die Suche nach dem richtigen Webhosting-Tarif

**Wie im vorangehenden Kapitel beschrieben,** können Sie WordPress auch kostenlos und flexibel auf WordPress.com nutzen: Konto erstellen, Blog benennen, und schon veröffentlichen Sie online Ihre eigenen Texte, Bilder oder Videos. Allerdings unterliegt ein Blog auf WordPress.com zahlreichen Einschränkungen. Außerdem befinden sich Ihre Inhalte auf den Servern des amerikanischen Anbieters. Der Nachteil daran: Sollte WordPress.com einmal offline gehen, sind all Ihre aufwendig geschriebenen Texte, selbst aufgenommene Fotos und der liebevoll gestaltete Blog ebenfalls offline.

Sicherer ist es daher, WordPress bei einem Webhosting-Anbieter zu installieren. Hier sind Sie zwar auch abhängig von der Erreichbarkeit der Server, allerdings laufen Sie nicht Gefahr, dass ein Anbieter gleich mehrerer kostenpflichtiger Dienste (beispielsweise Webhosting, Domains, E-Mails, Webshops oder gar Lösungen für Geschäftskunden) plötzlich die Segel streicht.

Im Idealfall stehen die Server zudem in Deutschland und unterliegen damit dem europäischen beziehungsweise deutschen Datenschutzrecht. Des Weiteren lädt Ihre Internetseite in deutschen Browsern deutlich schneller als ein in Übersee gehosteter Online-auftritt. In der Tabelle (siehe „Webhoster und deren Tarifangebote im Vergleich", S. 38) haben wir daher solche Anbieter aufgelistet, deren Server in Deutschland stehen.

### → Webhoster – was ist das überhaupt?

Unternehmen, die Ihren Blog oder Ihre Webseite ins Internet bringen, nennt man Webhoster (zu Deutsch etwa: Netz-Gastgeber). Webhoster vermieten Ihnen gegen eine Gebühr einen Speicherplatz auf einem Server und stellen die nötige Infrastruktur in Form von Datenbanken zur Verfügung. Auf dem Speicherplatz können Sie WordPress per Fernzugriff installieren und Fotos, Texte oder Videos hochladen.

Daneben gibt es auch Webspace-Anbieter, die kostenfreien Online-speicherplatz anbieten. Bei diesen Anbietern erhalten Sie jedoch keine Baukastensysteme, wie sie im Kapitel zuvor beschrieben wurden. Die hier erwähnten Freehoster (Kofferwort aus free – zu Deutsch: kostenlos – und Webhoster) stellen gewöhnlich Webspace zur Verfügung, blenden jedoch Werbung ein, die Ihren Besuchern angezeigt wird. Auf diese Weise soll das sowohl für Sie als Benutzer als auch für Ihre Leser kostenlose Angebot für den Betreiber rentabel werden. Die vom Hoster eingeblendete Werbung ist allerdings nicht nur lästig, sondern auch aus Datenschutzgründen bedenklich.

**Info**

**Cookies im Browser:** Werbenetzwerke, die Anzeigen im Netz verwalten, speichern sogenannte Cookies auf den Computern der Besucher einer Webseite. Cookies sind kleine Textdateien, die sich Einstellungen und Nutzerangaben auf Webseiten merken. Bei Cookies, die von Werbebannern angelegt werden, spricht man von Drittanbieter-Cookies, auch Third-Party-Cookies genannt. Ist das Anlegen von Cookies im Webbrowser erlaubt, kann einem Nutzer der Besuch unterschiedlicher Webseiten nachgewiesen werden. Damit entsteht eine serverübergreifende Sitzung: Werbenetzwerke können gezielt Reklame einblenden, die dem Surfverhalten eines Nutzers und den von ihm aufgerufenen Inhalten entspricht. Das haben Sie bestimmt schon einmal erlebt: Erst suchen Sie nach ein paar neuen Schuhen, und später am Tag wird Ihnen bei Facebook ein Werbebanner mit den neuesten Modellen aus der Sportschuhabteilung angezeigt.

**Tipp:** Verweigern Sie in jedem Fall die Verwendung von Drittanbieter-Cookies in Ihrem Webbrowser. Wer auf Nummer sicher gehen will, sollte Cookies komplett deaktivieren und einzelnen Internetseiten über die Ausnahme-Funktion des Browsers das Speichern der Textdateien gezielt erlauben.

Darüber hinaus ist es gut möglich, dass diese Anbieter häufig von längeren Offlinezeiten geplagt sind. Das bedeutet: Ihre auf dem Server eines solchen Anbieters hochgeladene Internetseite ist in diesem Fall nicht erreichbar. Die Gründe dafür sind meistens hausgemacht: Durch den Wegfall von monatlichen Gebühren können dem Anbieter die Gelder ausgehen. Der Service wird dann vorübergehend eingestellt. Spätestens zu diesem Zeitpunkt sollten Sie zu einem etablierten und standsicheren Gastgeber wechseln, der sein Angebot sowie den dazugehörigen Service mit monatlichen Gebühren langfristig finanziert.

## Kostenpflichtige Dienste

Bei einem kostenpflichtigen Dienst haben Sie die volle Kontrolle über all das, was auf Ihrer künftigen Internetseite angezeigt wird. Sie können Ihr Angebot im Web also auch komplett werbefrei gestalten. Darüber hinaus gibt es bereits für kleines Geld ausreichend Speicherplatz im World Wide Web.

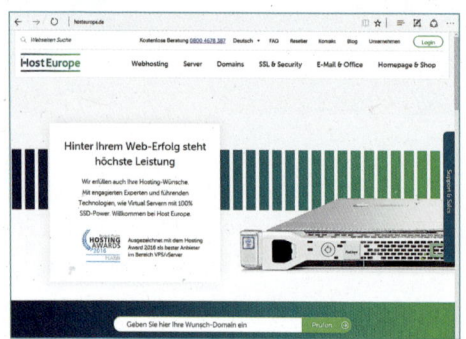

Aber was bedeutet das in Zahlen? Und welche Voraussetzungen muss ein Webhoster erfüllen? Welche Vertragsbedingungen sind wichtig und wie kommt Ihr Blog oder Ihre Webseite überhaupt auf einen Server? Auf den folgenden Seiten werden all diese Fragen beantwortet.

Gute Angebote erhalten Sie bereits für etwa drei Euro monatlich. Je nach Hosting-Dienst kommt zu den laufenden Kosten noch eine Einrichtungsgebühr hinzu, die in der Regel zwischen 10 und 20 Euro beträgt und zum Vertragsabschluss fällig wird. Das Zahlungsziel für die monatlichen Gebühren unterscheidet sich ebenfalls von Anbieter zu Anbieter. Manche Webhoster verlangen, dass die Monatsgebühren für je ein Kalenderjahr komplett im Voraus beglichen werden. Andere begnügen sich mit Teilzahlungen und wieder andere bieten sogar monatliche Zahlungen an – ganz ohne vertragliche Mindestlaufzeit. Das ist besonders dann praktisch, wenn Sie sich nicht ein Jahr oder länger an einen Anbieter binden möchten. Die monatlichen Gebühren sind in der Regel jedoch höher. Sie sehen: Sie haben verschiedene Möglichkeiten. Überlegen Sie sich also, welche Zahlungsmodalitäten für Sie am sinnvollsten sind, bevor Sie sich für einen Dienstleister entscheiden.

→ **Übliche Vertragslaufzeiten**

In der Regel laufen Webhosting-Tarife über zwölf Monate. Wer seinen Anbieter wechseln möchte, sollte bei Vertragsabschluss auf die Kündigungsfristen achten.

**Tarifumfänge: Leistungen vergleichen**

Neben den wichtigen Eckdaten wie Vertragslaufzeit und Kosten sollten Sie einen Blick auf den Umfang der Tarife werfen. Je nachdem, welche Leistungen Sie benötigen, lohnt sich ein Vergleich. So ist es beispielsweise möglich, bei einem Anbieter Hunderte Gigabyte an Speicherplatz zu erhalten, bei einem anderen haben Sie dafür die Möglichkeit, gleich mehrere Domains zum Paketpreis zu registrieren. Auf diese Punkte sollten Sie vor Vertragsabschluss achten:

▶ **Speicherplatz:** Die meisten Webhoster bieten mittlerweile mehrere Gigabyte Speicher an. T-Online stellt im Rahmen des Basic-Tarifs beispielsweise vier Gigabyte zur Verfügung. Contabo wiederum räumt seinen Kunden satte 100 Gigabyte ein. Für eine kleine Webseite mit nur wenigen Bildern mögen vier Gigabyte ausreichen, wer aber beispielsweise längerfristig einen Fotografie-Blog betreiben möchte, stößt nach dem Upload zahlreicher Bilder in hoher Auflösung schnell an seine Grenzen.

▶ **Datenbanken:** WordPress beansprucht eine Datenbank für sich. Sie stellt quasi das Grundgerüst für die Websoftware dar. Wer also nur eine Internetseite mit WordPress betreiben will, kommt mit einer Datenbank aus. Manche Anbieter stellen aber gleich mehrere Datenbanken zur Verfügung. Das erweist sich vor allem dann als praktisch, wenn man irgendwann ein weiteres System parallel betreiben möchte, wie zum Beispiel Joomla!, eine Onlineshop-Software oder eine weitere WordPress-Seite.

► **E-Mails:** Wer eine eigene kleine Community, also eine treue, wiederkehrende Leserschaft, mit seinem WordPress-Blog aufbauen möchte, kann unter Umständen Gebrauch von zahlreichen E-Mail-Adressen machen. Diese E-Mail-Adressen können Sie mit der Domain Ihrer Webseite einrichten. Sparsame Webhoster ermöglichen nur wenige Adressen mit eigenem Postfach. Diese Tarife sind für einfache Onlineauftritte aber meist ausreichend.

► **Domains:** Blogs und Webseiten benötigen eigene Adressen, sonst weiß niemand, wo sie im World Wide Web zu finden sind. In der Regel ist eine .de-Domain im Preis inklusive. Großzügige Tarife ermöglichen gleich mehrere Adressen, etwa mit gängigen Endungen wie .info, .com, .net und anderen.

### FTP-Zugang

Dieser Zugang ist für Profis interessant. Das sogenannte File Transfer Protocol (zu Deutsch etwa: Netzwerkprotokoll zur Datenübertragung) sorgt dafür, dass Daten via Internet unkompliziert und zügig über ein eigenes Programm (wie zum Beispiel die Open-Source-Programme FileZilla oder Cyberduck) hin- und hergeschoben werden können. Ähnlich wie bei E-Mail-Konten ist die Menge der mög-

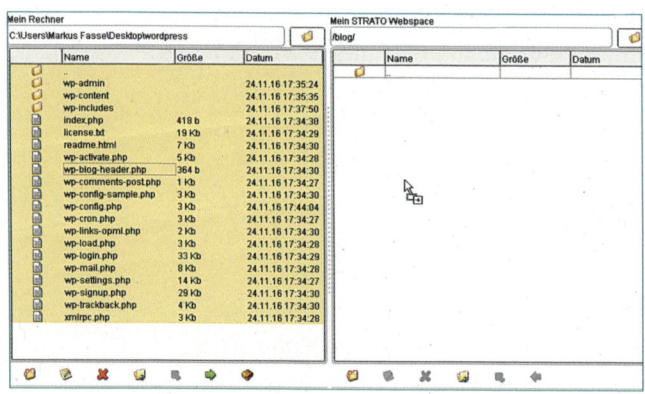

lichen FTP-Zugänge pro Webhosting-Tarif für gewöhnlich begrenzt. Nur eine bestimmte Anzahl von Nutzern kann über einen FTP-Zugang auf die beim Anbieter hinterlegten Daten zugreifen und sie kopieren, verschieben, neue Inhalte hochladen oder vorhandene Dateien oder Ordner löschen. In der Regel genügt ein FTP-Zugang, den nur Sie als Administrator benutzen. Der sollte dann aber auch vom Anbieter zur Verfügung gestellt werden, da es vorkommen kann, dass Sie direkt an Ihren WordPress-Dateien arbeiten müssen. Praktisch: Manche Anbieter ermöglichen den FTP-Zugang über eine eigene Weboberfläche innerhalb des Kundenbereichs. Wenn ein Web-FTP bei Ihrem Hoster angeboten wird, können Sie viele Arbeiten am Datengerüst Ihrer Webseite auch ohne externe FTP-Programme erledigen.

→ **Um WordPress zu installieren, benötigen Sie:**

- die Skriptsprache PHP ab Version 5.6

- das Datenbankverwaltungssystem MySQL ab Version 5.6

- oder das Datenbankverwaltungssystem MariaDB ab Version 10.0.

Zudem sollte der Anbieter die Webserver-Software Apache oder Nginx unterstützen. Das sagt Ihnen nichts, und das steht auch nirgendwo? Kein Problem. Der Webhoster Ihrer Wahl unterstützt diese essenziellen Programme, wenn in der entsprechenden Tarifinformation PHP und MySQL angeboten werden.

**Webhoster: Angebote im Vergleich**

Je nachdem, ob Anbieter gerade eine große Neukunden-Werbeaktion betreiben oder nicht, können all diese Angebote natürlich auch variieren. Häufig ist es so, dass Sie bares Geld sparen können: Viele Webhoster bieten bei Abschluss eines Vertrags in den ersten Monaten vergünstigte Preise an. Das ist vergleichbar mit den Vergünstigungen im ersten Jahr eines neuen Telefonanschlusses.

# Webhoster und deren Tarifangebote im Vergleich

| Host | 1blu | Contabo | ALL-INKL.com | T-Online | 1&1 |
|---|---|---|---|---|---|
| Tarif | Homepage A | Webspace L | Privat | Homepage Basic | Starter |
| Preis pro Monat / Preis pro Monat zu Beginn | 2,29 € / – | 4,99 € / – | 4,95 € / 0,00 € (3 Monate) | 9,95 € / 0,00 € (6 Monate) | 3,99 € / 2,99 € (12, 24 oder 36 Monate) |
| Mindestlaufzeit | 1 Jahr | 1 Jahr | Keine | 1 Jahr | 1, 2 oder 3 Jahr |
| Preis ohne Vertragslaufzeit pro Monat | – | – | – | – | 4,99 € |
| Einrichtungsgebühr | 4,90 € | Keine | Keine | 14,95 € | 8,90 € |
| Speicherplatz | 20 GB | 100 GB | 50 GB | 4 GB | 50 GB |
| Anzahl möglicher E-Mail-Konten | 100 | 2000 | 500 | 5 (5 GB), 100 (1 GB) | 100 |
| Speicherplatz E-Mails | 5 GB (insgesamt) | Innerhalb der 100 GB Speicherplatz | Innerhalb der 50 GB Speicherplatz | 125 GB | 2 GB (pro Postfach) |
| FTP-Zugänge | 2 | 2000 | WebFTP | Ja | 1 |
| Anzahl Domains inklusive | 1 | 2 | 3 | 3 | 1 |
| Verfügbare Top-Level-Domains | .de | .de | .de, .com, .at, .be, .biz, .ch, .dk, .eu, .es, .in, .info, .it, .li, .mobi, .name, .net, .nl, .org, .us, .ws | .de, .biz, .com, .name, .eu, .net, .org, .info | .de, .com, .net, .org, .biz, .info, .name, .eu, .at, .me |
| Anzahl Datenbanken | 3 | 50 | 5 | 2 | 2 |
| Mit „1-Klick-Lösung"?[1] | Ja | Ja | Ja | Ja (über: Anwendungen, Schnellinstallation, Blog, Forum & Gästebuch) | Ja |
| Sitz | Berlin | München | Friedersdorf | Bonn | Montabaur |
| Sonstiges | | WordPress (Webapplikation „Blogs") ab Tarif L möglich | | Günstigster Tarif „Starter" liefert kein PHP und SQL | |

1) Je nach Anbieter anders umgesetzter Service, über den man im Kundenbereich mit wenigen Klicks WordPress installieren kann.
2) SFTP ist eine verschlüsselte FTP-Verbindung über die Secure Shell (SSH).Stand: März 2017. Übersicht ohne Bewertung.

| 1&1 | STRATO | STRATO | Host Europe | Host Europe |
|---|---|---|---|---|
| Managed WP Starter | PowerWeb Starter | WP Starter | Basic | WP Basic |
| 3,99 € / 2,99 € (12, 24 oder 36 Monate) | 4 €/Monat (oder 1 Jahr 1 €/Monat, danach 4 €/Monat) | 3,50 €/Monat (oder 1 Jahr 1 €/Monat, danach 3 €/Monat) | 3,99 / 0,99 € | 4,99 € / – |
| 1, 2 oder 3 Jahre | 1 Monat (oder 1 Jahr) | 1 Monat (oder 1 Jahr | 1 Monat | 1 Monat (oder 1 Jahr) |
| 4,99 € | 4,50 € (bei 1 Monat), 4 € (bei 1 Jahr) | 3,50 € (bei 1 Monat), 3 € (bei 1 Jahr) | 3,99 € | 4,99 € |
| 8,90 € | Keine (bei Vertragslaufzeit 1 Monat), bei 1 Jahr: 10 € | 15 € (bei Vertragslaufzeit 1 Monat), bei 1 Jahr: 10 € | Keine | Keine (bei Vertragslaufzeit 12 Monate), sonst 14,99 € |
| 25 GB | 30 GB | 25 GB | 25 GB | 25 GB |
| 10 | 1000 | 1000 | 100 | 100 |
| 2 GB (pro Postfach) | 10 GB (insgesamt) | 10 GB (insgesamt) | 2 GB (pro Postfach, 10 GB insgesamt) | 10 GB (insgesamt) |
| Keine (SFTP möglich)[2] | 3 | Keine (SFTP möglich)[2] | 10 | Keine |
| 1 | 1 | 1 | Keine | Keine |
| .de, .com, .net, .org, .biz, .info, .name, .eu, .at, .me | .de, .eu, .com, .net, .org, .info, .biz, .com.de | .de, .eu, .com, .net, .org, .info, .biz, .com.de | Zusätzlich 0,79 €/Monat für eine .de-Domain | Zusätzlich 0,79 €/Monat für eine .de-Domain |
| 1 | 2 | 1 | 5 | 1 (für WordPress) |
| Ja | Ja, über den „AppWizard", zzgl. eine weitere Installation, z.B. Joomla!, TYPO3 o.a. | Nein, WordPress ist vorinstalliert | Ja über den „Easy Application Installer" z.B. WordPress, phpBB Forum, MediaWiki u.a | Nein, WordPress ist vorinstalliert |
| | Berlin | | Köln | |
| | Abrechnung nach Aktionslaufzeit oder alle 6 Monate | Abrechnung nach Aktionslaufzeit oder alle 6 Monate | | |

Stand März 2017. Übersicht ohne Bewertung

Welche deutschen Anbieter Tarife im Programm haben, auf denen auch WordPress problemlos läuft, können Sie der Tabelle entnehmen. Hier finden Sie Angebote von Webhostern mit Sitz in Deutschland. Server, Service, Dienstleistung: Bei diesen Anbietern wird Ihnen auch am Telefon verständlich und schnell geholfen. Die Tabelle stellt darüber hinaus die jeweils günstigsten Angebote mit WordPress-Unterstützung dar. So stürzen Sie sich nicht gleich zu Beginn in hohe Kosten und können für wenig Geld die ersten Schritte mit der eigenen Internetseite wagen.

Sie wissen nicht, ob Sie irgendwann weitere E-Mailadressen oder mehr Speicherplatz benötigen? Tarife auf höherpreisige Modelle aufzuwerten und somit im Bedarfsfall auch mehr Leistung in Anspruch zu nehmen, ist in der Regel kein Problem.

Die Übersicht (siehe Tabelle, S. 38) ist für Einsteiger gedacht. Wer mehr Geld im Monat für die Miete seines Webhosting-Tarifs ausgeben möchte, bekommt je nach Angebot unbegrenzt Speicherplatz, unzählige E-Mail-Konten und mehrere Datenbanken. Die Kosten belaufen sich dann aber schnell auf über 100 Euro pro Jahr.

### WordPress-Tarife im Vergleich

Manche Webhoster bieten spezielle Leistungspakete an. Diese werden als zugeschnittene WordPress-Tarife beworben. Das soll für Einsteiger eine einfache Sache sein – schließlich garantiert der Anbieter, dass WordPress bei diesen Angeboten in jedem Fall funktioniert. Oft ist die Websoftware auch schon vorinstalliert und man kann direkt loslegen. Aber: Diese Tarife kosten meist genauso viel wie ein normales Webspace-Angebot. Andere sind nur wenig günstiger. Allerdings werden bei einem speziellen WordPress-Tarif in der Regel weniger umfangreiche Leistungen angeboten. Die Unterschiede variieren, und wirklich gravierend sind sie nicht. Wer aber das Maximum für sein Geld herausholen möchte, sollte sich einen Tarif aussuchen, der WordPress zwar unterstützt, dies aber nicht explizit im Rahmen eines speziellen Angebots vermarktet wird.

## Wichtig: Benutzernamen und Passwörter

Wenn Sie nun ein Konto beim Anbieter Ihrer Wahl einrichten möchten, benötigen Sie eine aktive E-Mail-Adresse, an die nach Ihrer Registrierung zunächst alle wichtigen Informationen geschickt werden. Dazu gehören Ihre Kundennummer, Ihr Benutzername und womöglich erste Passwörter. Mit diesen Daten können Sie sich dann beim Webhoster einloggen, um weitere Einstellungen vorzunehmen. Der eine oder andere Anbieter wird Ihnen Ihre Kundendaten aber auch auf dem Postweg zukommen lassen.

### → Standardpasswörter ändern

Ändern Sie grundsätzlich alle Kennwörter, die Ihnen vorgegeben werden! Ihr neues, einzigartiges Passwort sollte aus Buchstaben, Zahlen und Sonderzeichen bestehen und kein einfaches Wort aus dem Duden sein. Auch auf Geburtsdaten als Passwort sollten Sie verzichten.

Im Kundenbereich Ihres Anbieters können Sie viele Einstellungen vornehmen: Sie können E-Mail-Adressen anlegen, Ihren Speicherplatz verwalten oder Domains miteinander verknüpfen. Wenn Sie beispielsweise neben einer im Webtarif inkludierten .de-Adresse eine zusätzlich erworbene .com-Adresse mit derselben Internetseite verbinden möchten, gelingt Ihnen das im Kundenbereich.

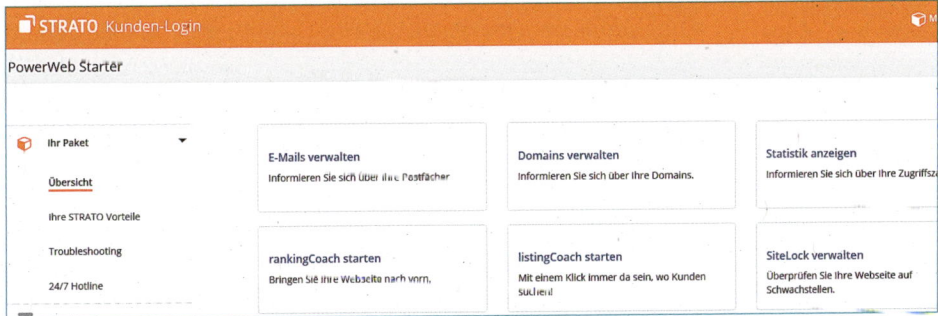

## Die Installation von WordPress vorbereiten

Bevor Sie Geld in die Hand nehmen und sich an Verträge binden, sollten Sie sich zunächst einmal mit den Systemvoraussetzungen von WordPress vertraut machen. Schließlich muss gewährleistet sein, dass die Software bei dem Anbieter Ihrer Wahl überhaupt unterstützt wird und letztlich auch einwandfrei funktioniert. Die Webanwendung stellt folgende offizielle Mindestanforderungen.

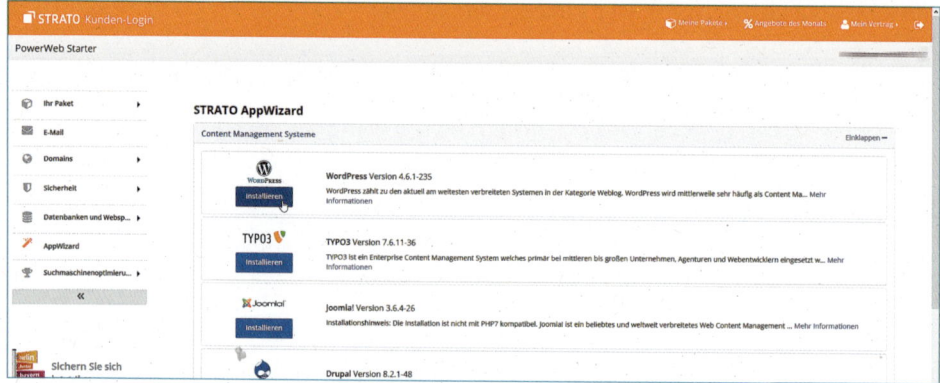

Der „STRATO App-Wizard" ist der Service des Webhosters STRATO, mit dem man WordPress mit nur wenigen Klicks installieren kann. Bei jedem der hier aufgeführten Anbieter gibt es ähnliche Services.

→ **Benötigter Speicherplatz**

WordPress selbst benötigt nur einen winzigen Bruchteil von Ihrem gemieteten Webspace: Einmal installiert beansprucht die schlanke Websoftware nur knapp 30 Megabyte Speicherplatz. Zum Vergleich: Das ist die gleiche Datenmenge wie die von etwa zehn Liedern oder sechs hochauflösenden Bildern. Bei einem Webhosting-Tarif mit 20 Gigabyte Gesamtspeicher würde WordPress über 600 Mal hineinpassen. Wer mehr benötigt, etwa für einen umfangreichen Fotografie- oder Video-Blog, sollte bei der Wahl des Webhosters besonders achtsam sein.

# WordPress im Set-up-Bereich des Webhosters installieren

**Besonders praktisch:** Über einfache Set-up-Einstellungen kann man WordPress mit wenigen Klicks installieren. Den Set-up-Bereich finden Sie im Kundenbereich Ihres Webhosters. Allerdings ist dieser Service je nach Anbieter unterschiedlich benannt:

▶ **STRATO:** AppWizard
▶ **T-Online:** Schnellinstallation
▶ **Host Europe:** Easy Application Installer
▶ **1blu:** easyApps
▶ **ALL-INKL.com:** Software-Installation
▶ **1&1:** 1-Click-Installation
▶ **Contabo:** Site Software

In diesen Bereichen finden Sie unter anderem die WordPress-Software. Mit nur wenigen Klicks können Sie sie auf Ihrem frischen Webspace installieren und die notwendige Datenbank einrichten. In Letzterer speichert die Blogsoftware alle Informationen ab, die sie für einen reibungslosen Ablauf benötigt.

Ganz egal, welchen Anbieter Sie gewählt haben und wo der Webhoster seine Schnellinstallation ermöglicht: Sobald die Software installiert ist, liegt es an Ihnen. Die abschließende Konfiguration von WordPress müssen Sie selbst erledigen. Das ist aber ganz leicht.

## Beispielinstallation bei ALL-INKL.com

**1** Begeben Sie sich nach der Registrierung Ihres Wunschtarifs zunächst in das Kundenadministrationssystem, kurz KAS. Tragen Sie dazu die Log-in-Daten ein, die Ihnen der Anbieter per E-Mail geschickt hat.

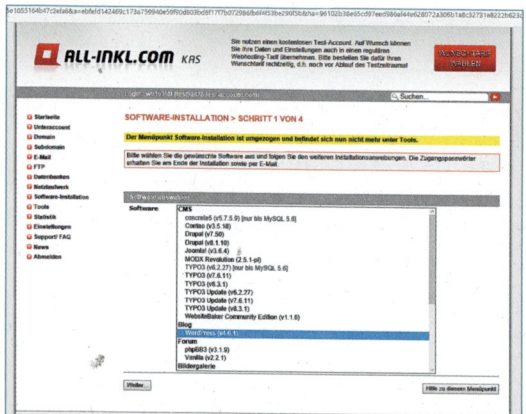

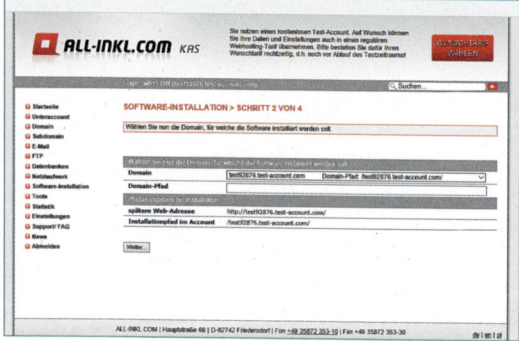

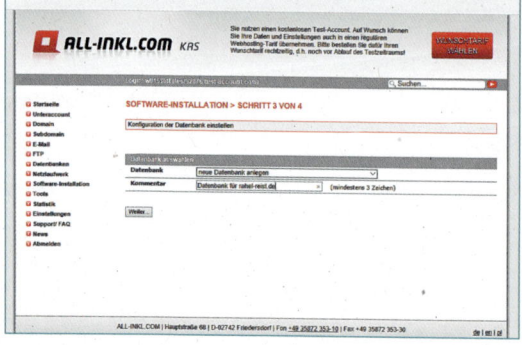

**2** Klicken Sie im KAS-Menü links auf den Eintrag *Tools* und anschließend auf *Software-Installation*. Wählen Sie *WordPress* aus der Softwareliste im Unterbereich *Blog* aus und klicken Sie auf *Weiter*.

**3** Im zweiten Schritt des Set-ups muss die entsprechende Domain mit dem Installationspfad verknüpft werden. Im hier aufgeführten Beispiel ist das eine Test-Domain. Ihre Domain mag ganz anders lauten. Wichtig ist nur, dass Sie diese unter dem aufklappbaren Menü auswählen. Den Pfad darunter lassen Sie leer.

**4** Nun legt die Software-Installation von ALL-INKL.com automatisch die Datenbank für WordPress an. In der Praxis haben Sie später normalerweise nichts mehr mit dieser Datenbank zu tun – notwendig ist sie dennoch. Legen Sie nun unter *Datenbank* eine neue Datenbank an und weisen Sie ihr unter dem Feld *Kommentar* optional einen Namen zu.

**5** Im vierten und letzten Schritt sehen Sie eine Zusammenfassung der Installation von WordPress. Wichtig: Wählen Sie einen markanten Nutzernamen für das an-

schließende Log-in bei WordPress.
Auch eine E-Mail-Adresse muss
angegeben werden, da an diese das
dazugehörige Passwort geschickt
wird. Aus Sicherheitsgründen soll
te der Benutzername nicht Admin,
Administrator oder Root lauten.
Dies sind Standardnamen für Administratoren und werden von potenziellen Angreifern als Erstes
ausprobiert, wenn sie ein Konto
knacken wollen.

**6** Glückwunsch, Sie sind fertig!
WordPress ist nun von der auto-
matischen Softwareinstallation
des Webhosters fertig eingerichtet
worden. Alles, was Sie nun noch
tun sollten, ist das vorgegebene
WordPress-Passwort zu ändern.

**7** Besuchen Sie Ihre frisch installierte Software unter www.ihre-do-
main.de/wp-admin. Ersetzen Sie
*ihre-domain.de* durch Ihre tatsächlich registrierte Internetseite.

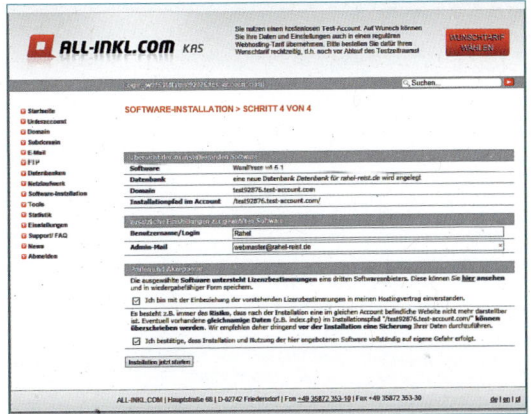

Der Zusatz */wp-admin* ist wichtig, da hier das sogenannte Back-End von WordPress liegt. Back-End bezeichnet
den Verwaltungsbereich einer Internetseite (siehe
„Back-End", S. 19).

Anfangs haben nur Sie als Administrator Zugang zu diesem Bereich, später jedoch können Sie ihn auch für Autoren, Redakteure und weitere Administratoren freigeben. Hier wird also der gesamte Internetauftritt mit

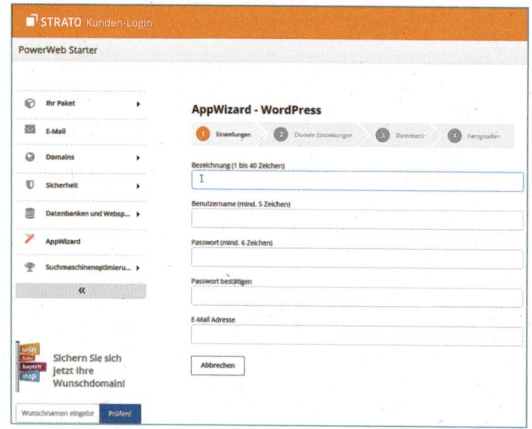

WordPress verwaltet. Geben Sie in der Anmeldemaske Ihre Log-in-Daten ein.

Je nach Webhoster kann der Installationsvorgang variieren. Auch die verschiedenen Kundenbereiche sind von Anbieter zu Anbieter unterschiedlich aufgebaut. Hier hilft Ihnen aber der Host gerne weiter und zeigt Ihnen Schritt für Schritt die spezifischen Merkmale seines Angebots.

Die WordPress-Konfiguration über die praktischen Klick-Installationen besteht jedenfalls immer aus den gleichen Teilen:

❶ **Angabe** der Domain
❷ **Einrichtung** einer Datenbank
❸ **Angabe** von Benutzername, E-Mail und Passwort für WordPress
❹ **Gegebenenfalls** Name des Blogs und das Anlegen weiterer Benutzer

### → Unterschiede bei Standardpasswort und Sicherheit

Der AppWizard von STRATO möchte von Ihnen wissen, wie Ihr künftiger Blog heißen soll und wie das Passwort für den ersten Benutzer lautet. Andere Webhoster, wie beispielsweise ALL-INKL.com, geben Benutzername und Kennwort vor. Standardpasswörter sollten aber im Anschluss grundsätzlich geändert werden.

Sollten Sie einen Webhoster gewählt haben, der keine automatisierte WordPress-Installation anbietet, müssen Sie die Webanwendung selbst installieren. Aber keine Angst – das ist nicht schwer und geht auch ganz schnell.

# WordPress manuell installieren

**Fast jeder Hoster** bietet mittlerweile eine automatisierte Installation von WordPress an. Datenbank, System, erster Benutzer: Mit nur wenigen Klicks ist die beliebte Bloggersoftware auf dem Server installiert.

Aber was, wenn diese kundenfreundliche Funktion fehlt? Solange der Hoster die Mindestanforderungen für WordPress (siehe „Tarifumfänge: Leistungen vergleichen", S. 35) erfüllt, können Sie selbst Hand anlegen.

### Voraussetzungen für die manuelle Installation

Alles, was Sie dafür benötigen, ist die aktuellste Version von WordPress sowie einen Texteditor. Der vorinstallierte Texteditor bei Windows heißt Editor und bei macOS TextEdit. Am besten verwenden Sie aber den kostenlosen Open-Source-Ableger Notepad++. Letzterer bietet mehr Funktionen, eine gute Übersicht und ist unter notepad-plus-plus.org kostenlos erhältlich.

Darüber hinaus benötigen Sie ein FTP-Programm, da WordPress manuell auf den Server hochgeladen werden muss. Zwar bieten manche Webhoster einen im Webbrowser integrierten FTP-Zugang an, dieser ist jedoch in der Funktion stark eingeschränkt und nicht überall verfügbar. Als FTP-Programm eignet sich das ebenfalls kostenlose und freie FileZilla (filezilla-project.org).

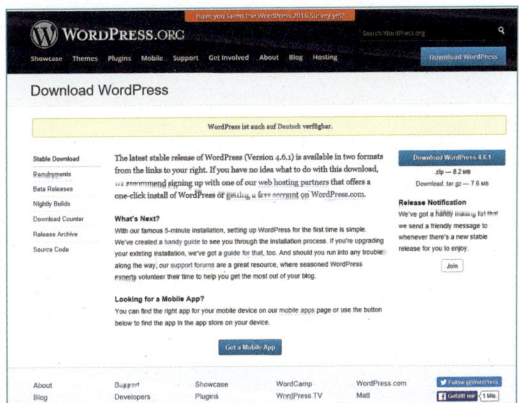

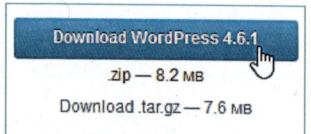

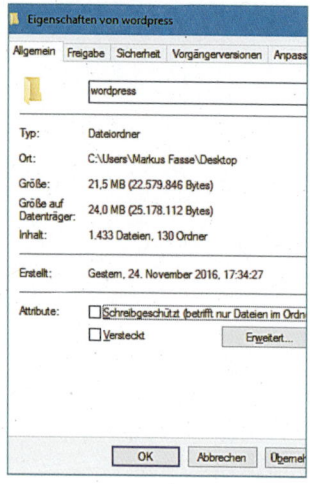

## WordPress selbst installieren

Das weitverbreitete Content-Management-System erfreut sich unter anderem deshalb so großer Beliebtheit, da es sich einfach installieren lässt. Die Macher von WordPress behaupten, dass in der Regel nicht mehr als fünf Minuten dafür nötig sein sollen. Wer den Umgang mit dem Computer beherrscht, kann das schaffen.

Aber keine Sorge – auch wenn Sie keinerlei Programmierkenntnisse besitzen und Ihnen beim Blick auf die folgenden Screenshots schon etwas mulmig wird: Die manuelle Installation wird Ihnen hier Schritt für Schritt vorgestellt, sodass dabei letztlich nichts schiefgehen kann.

**1** Laden Sie die aktuelle Version von WordPress herunter. Sie erhalten sie, nachdem Sie unter Word-Press.org auf den blauen Button mit der Aufschrift *Download* und anschließend auf *Download Word-Press* geklickt haben. Dahinter verbirg sich eine ZIP-Datei, also eine komprimierte Datei, die Sie nun herunterladen.

**2** Wählen Sie als Speicherort am besten den Desktop Ihres Rechners und warten Sie, bis der Download abgeschlossen ist.

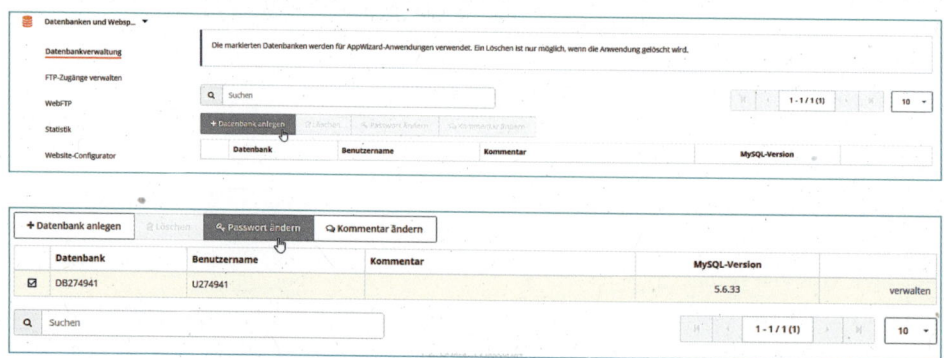

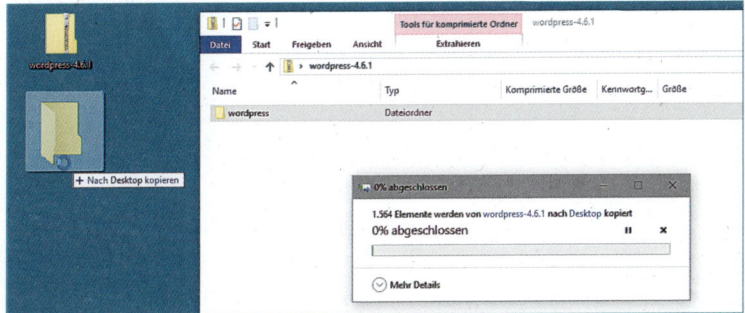

**3** Besuchen Sie den Kundenbereich Ihres Webhosters. Legen Sie im entsprechenden Menü eine neue Datenbank an, und notieren Sie sich den zugehörigen Nutzernamen samt Passwort. Bei STRATO geht dies beispielsweise im Untermenü *Datenbank und Webspace*.

**4** Entpacken Sie nun die ZIP-Datei. Öffnen Sie sie dazu mit einem Doppelklick und ziehen Sie den Ordner *wordpress* aus der Datei heraus auf den Desktop Ihres Computers.

**5** Öffnen Sie die Datei *wp-config-sample.php* mit dem Texteditor Ihrer Wahl. Sie befindet sich im eben entpackten WordPress-Ordner. Tragen Sie in den Zeilen *DB_NAME, DB_USER, DB_PASSWORD und DB_HOST* Ihre Datenbankinformationen ein. Ersetzen Sie dafür „*database_name_here*"

```
wp-config-sample.php - Editor
Datei  Bearbeiten  Format  Ansicht  ?
<?php
/**
 * The base configuration for WordPress
 *
 * The wp-config.php creation script uses this file during
 * installation. You don't have to use the web site, you can
 * copy this file to "wp-config.php" and fill in the values.
 *
 * This file contains the following configurations:
 *
 * * MySQL settings
 * * Secret keys
 * * Database table prefix
 * * ABSPATH
 *
 * @link https://codex.wordpress.org/Editing_wp-config.php
 *
 * @package WordPress
 */

// ** MySQL settings - You can get this info from your web
/** The name of the database for WordPress */
define('DB_NAME', 'DB2774750');

/** MySQL database username */
define('DB_USER', 'U2774750');

/** MySQL database password */
define('DB_PASSWORD', 'gn$§Ab281bg34b8bn6');

/** MySQL hostname */
define('DB_HOST', 'localhost');

/** Database Charset to use in creating database tables. */
define('DB_CHARSET', 'utf8');

/** The Database Collate type. Don't change this if in doubt
define('DB_COLLATE', '');
```

mit dem Namen der Datenbank (im Beispiel: „*DB2774750*"), „*user-name_here*" mit dem Namen des Benutzers (im Beispiel: „*U2774750*"), „*password_here*" mit dem Kennwort der Datenbank (im Beispiel: „*gn$§Ab281bg34b8bn6*") und schließlich „*localhost*" mit dem Server Ihres Anbieters (im Beispiel: „*rdbms.strato.de*"). Wichtig: Die Anführungszeichen müssen stehen bleiben!

**6** Speichern Sie diese Datei dann im selben Ordner als *wp-config.php* ab.

**7** Verbinden Sie sich nun per FileZilla mit der FTP-Schnittstelle Ihres Webhosters. Die Log-in-Daten bekommen Sie von Ihrem Anbieter. In FileZilla genügt es, wenn Sie oben am Rand in das Feld *Server* die Verbindungsdaten eintragen, zum Beispiel *ftp.strato.com*. In die Felder *Benutzername* und *Password* müssen Sie die entsprechenden Zugangsinformationen eintragen.

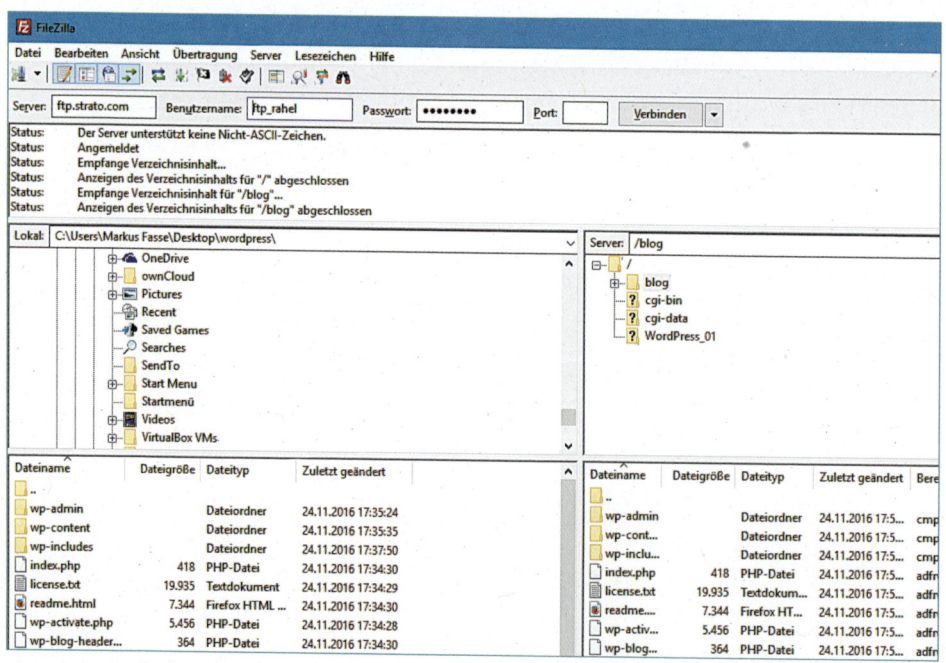

**8** Laden Sie anschließend den gesamten Inhalt des WordPress-Ordners vom Desktop Ihres Computers auf Ihren Webserver hoch. Klicken Sie hierzu alle Dateien mit der linken Maustaste an und ziehen Sie sie in das Nachbarfenster.

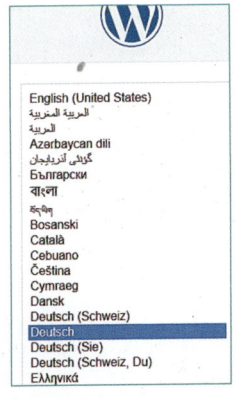 

**9** Wenn Ihr WordPress-Blog wie im hier vorgestellten Beispiel unter www.ihre-domain.de/blog erreichbar sein soll, müssen diese Daten in den Unterordner */blog*. Diesen müssen Sie wiederum selbst anlegen. Wenn Ihr Blog einfach unter www.ihre-domain.de aufrufbar sein soll, genügt der Upload in das Hauptverzeichnis.

**10** Fast geschafft! Rufen Sie nun www.ihre-domain.de beziehungsweise www.ihre-domain.de/blog auf. Sie sollten jetzt die Sprachauswahl von WordPress sehen – den ersten Schritt der Installation Ihres eigenen Blogs. Geben Sie im nächsten Schritt noch Titel, Benutzername, Passwort und E-Mail-Adresse ein, und klicken Sie abschließend auf *WordPress installieren*.

**11** Zum Schluss gratuliert WordPress Ihnen mit dem Hinweis: „Installation erfolgreich! WordPress wurde installiert. Vielen Dank, und nun viel Spaß!" Sie können sich jetzt bei WordPress anmelden, woraufhin Ihnen Ihr Dashboard angezeigt wird.

# Die Kern-
# funktionen

WordPress ist vielseitig und umfangreich.
Bereits im Anschluss an die Installation bietet
Ihnen die Software viele Möglichkeiten, Ihre
Webseite zu gestalten. In diesem Kapitel
lernen Sie beispielsweise, wie Sie Beiträge,
statische Seiten und Menüs erstellen, Fotos
und Videos auf Ihrer Webseite einbetten,
Kommentare genehmigen und verschiedene
Nutzer verwalten.

# Werkzeugleiste & Dashboard: Der Dreh- und Angelpunkt

**Einmal auf dem Server installiert,** bietet Ihnen WordPress unzählige Möglichkeiten, Ihren eigenen Internetauftritt zu gestalten. Ob als Blog, umfangreiche Webseite oder nur als digitale Visitenkarte: Bereits „out of the box" – also ohne weitere Anpassungen – kann WordPress sehr viel.

### Die Werkzeugleiste

Um ins Back-End von WordPress zu gelangen, tippen Sie in der Browserzeile hinter Ihre Domain den Zusatz */wp-admin* ein. Über den oberen Schnellzugriff können Sie sehr schnell auf die wichtigsten Funktionen zurückgreifen. Mit einem Klick auf das WordPress-Logo können Sie die neuesten Änderungen der aktuell installierten Version einsehen. Fahren Sie mit der Maus über das WordPress-Logo, klappt ein Menü auf: Über die Einträge gelangen Sie zu Word-

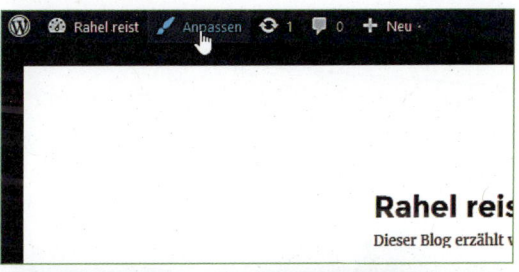

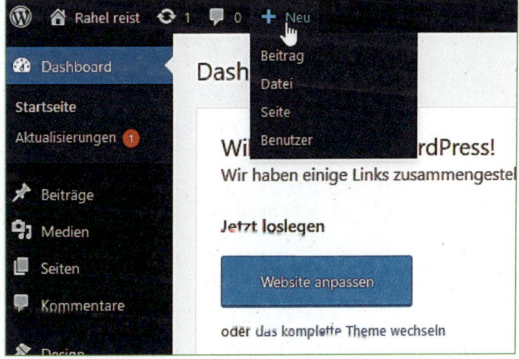

Überall erreichbar: Die Werkzeugleiste ist ein praktischer Helfer und sowohl im Back-End als auch im Front-End oben erreichbar. Diese Leiste sehen nur Sie.

Press.org und diversen Unterseiten, die Ihnen bei der Arbeit mit WordPress helfen.

Das *Haus*-Icon führt Sie zur Startseite Ihres Blogs und über das *Sprechblasen*-Symbol gelangen Sie zur Kommentarabteilung. Hier können Sie Anmerkungen Ihrer Besucher lesen, antworten oder unpassende Bemerkungen löschen.

Mit einem Klick auf *Neu* erstellen Sie indes kurzerhand einen neuen Blogbeitrag. Wenn Sie mit der Maus über diesen Button fahren, klappt ein weiteres Menü auf. Wählen Sie zwischen den Punkten *Beitrag, Datei, Seite* oder *Benutzer*, um neue Einträge vorzunehmen.

### Das Dashboard: Zugriff auf wichtige Funktionen

Hier sehen Sie alles auf einen Blick: In der „Instrumententafel" von WordPress, dem Dashboard, können Sie mit wenigen Klicks auf die wichtigsten Funktionen Ihres Blogs zugreifen. Selbstverständlich finden Sie alle Einstellungen auch im Menü auf der linken Seite. Das Dashboard erspart Ihnen aber ein paar Klicks, um zu den für WordPress wichtigsten Bereichen zu gelangen.

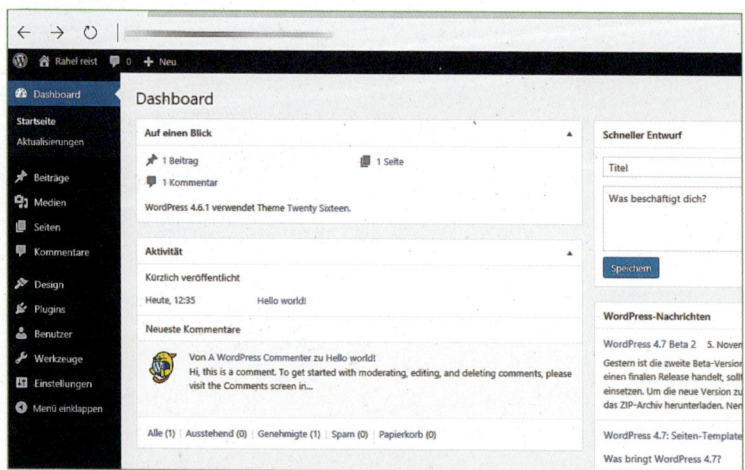

Wie fast alles bei WordPress, können Sie auch das Dashboard individualisieren. Klicken Sie oben rechts auf *Ansicht anpassen*. Hier setzen Sie bis zu fünf Häkchen und entscheiden, ob die Bereiche *Auf einen Blick*, *Aktivität*, *Schneller Entwurf*, *WordPress-Nachrichten* oder *Willkommen* jedes Mal auf dem Dashboard dargestellt werden sollen.

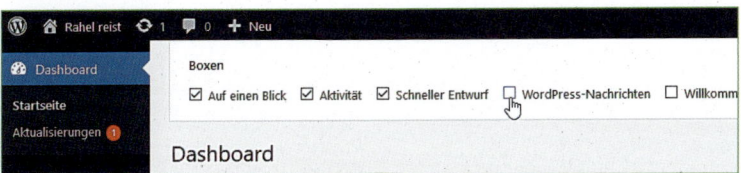

Wenn Sie beispielsweise Neuigkeiten zur Websoftware und ihren Programmierern nicht interessieren, können Sie die *WordPress-Nachrichten* bedenkenlos ausblenden. Entfernen Sie dafür einfach den entsprechenden Haken.

Ihnen gefällt die Anordnung nicht? Sie können die Elemente des Dashboards nach Belieben sortieren. Klicken Sie mit der linken Maustaste einfach auf die Titelzeile einer Box und verschieben Sie sie bei gedrückter Maustaste an die gewünschte Stelle.

# Beiträge erstellen, bearbeiten, prüfen und planen

**Der Eintrag für** *Beiträge* befindet sich im Menü an vorderster Stelle. Mit einem Klick darauf gelangen Sie in das entsprechende Untermenü. Am Anfang ist hier ein einzelner Eintrag zu sehen, der lediglich als Platzhalter fungiert: „Hello World!" Später werden in der

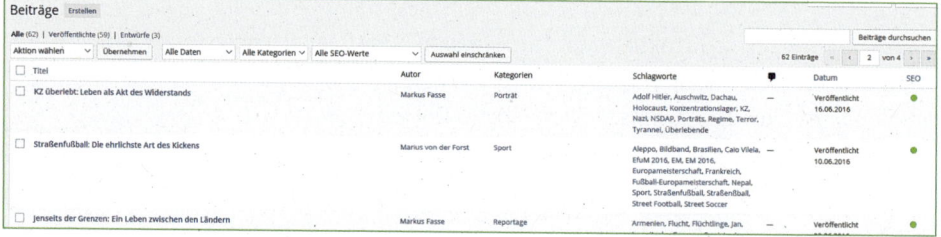

Liste alle Beiträge angezeigt, die Sie im Laufe der Zeit verfasst haben werden.

### Die QuickEdit-Funktion

Fahren Sie mit der Maus über einen Eintrag, etwa den „Hello-World!"-Eintrag, und wählen Sie den Punkt *QuickEdit* an. Über diese Funktion können Sie die wichtigsten Informationen eines Beitrags bearbeiten.

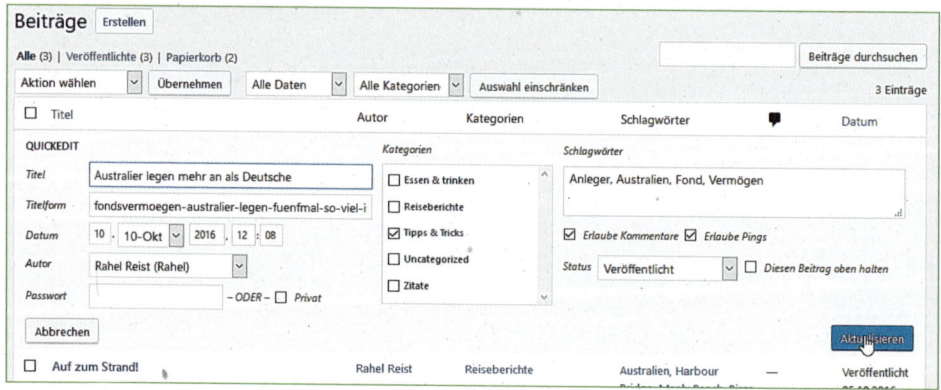

Wenn Ihnen beispielsweise der Titel des Blogposts (Kofferwort aus Blog und Posting, bezeichnet einen Beitrag in einem Blog oder Forum) nicht gefällt, können Sie ihn hier mit nur wenigen Klicks ändern. Ebenso die Titelform, aus der der Link zu einem Blogeintrag generiert wird. Auch die Kategorie, das Datum, der Status oder die Schlagwörter lassen sich hier bequem bearbeiten. Darüber hinaus können Sie entscheiden, ob die Besucher Ihres Blogs Ihre Beiträge kommentieren dürfen. Wenn Sie möchten, können Sie einzelnen Beiträgen auch ein Kennwort zuteilen.

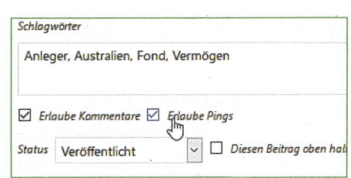

Dann erhalten nur die Personen Zugang zu dem Posting, die über das entsprechende Passwort verfügen. Haben Sie die Bearbeitung erledigt, klicken Sie abschließend rechts auf *Aktualisieren*, um die Änderungen zu speichern.

### → Pings erlauben

Gleich neben der Kommentarfunktion werden Sie im Quick-Edit-Menü gefragt, ob Sie Pings erlauben möchten. Bei Pings (wörtlich: Klingeln) handelt es sich um eine Benachrichtigung, die Sie erhalten, sobald ein WordPress-Blogger einen Ihrer Beiträge auf einer anderen Webseite verlinkt. Andernfalls würden Sie nicht mitbekommen, wenn das passiert – aber es kann interessant sein, wo und wie oft Ihr Beitrag geteilt wird. Pings tauchen als Kommentar im Menü *Kommentare* auf (siehe „Kommentare lesen, bearbeiten und löschen", S. 77).

Wenn Sie einen Beitrag im Front-End ansehen wollen, klicken Sie auf *Anschauen*.

Das ist besonders dann hilfreich, wenn Sie bereits zahlreiche Beiträge veröffentlicht haben und auf einen bestimmten Beitrag zugreifen möchten. Ansonsten müssten Sie sich durch die gesamte Historie im Front-End Ihres Blogs klicken, um zu einem bestimmten Beitrag zu gelangen.

Ein Post soll weg? Kein Problem. In dem Menü, das aufklappt, wenn Sie mit der Maus über einen Beitrag fahren, gibt es eine entsprechende Funktion: Klicken Sie auf *Löschen*, und der Post landet im Papierkorb.

→ **Gelöschte Beiträge und der Papierkorb**

Sobald Sie einen ersten Beitrag gelöscht haben, erscheint im Menü oberhalb der Liste der Papierkorb. Hier haben Sie die Möglichkeit, Ihre Entscheidung rückgängig zu machen. Soll

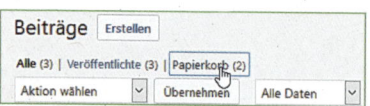

das Posting ganz verschwinden? Wenn ja, klicken Sie auf *Papierkorb* und anschließend auf *Papierkorb leeren*. Achtung! Gelöschte Beiträge sind dann unwiderruflich gelöscht.

### Den ersten Beitrag erstellen

Jetzt geht es richtig los: Schreiben Sie Ihren ersten Beitrag! Klicken Sie dafür unter *Beiträge* auf das Feld *Erstellen* oder wählen Sie aus der Werkzeugleiste den Punkt *Neu*.

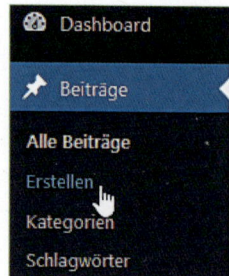

Sie sehen die wohl wichtigste Einstellung von WordPress: *Neuen Beitrag erstellen*. Sehr auffällig sind die beiden hellgrauen Felder: Titel und der leere Kasten des sogenannten Komforteditors, auch WYSIWYG-Editor genannt. Dieses Akronym steht für „What You See Is What You Get" (zu Deutsch: Was du siehst, ist das, was du bekommst). Der Name ist Programm: Das, was Sie hier eintippen, wird hinterher genau so im Blog zu sehen sein, sobald Sie auf den blauen Knopf *Veröf-*

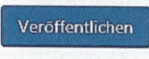

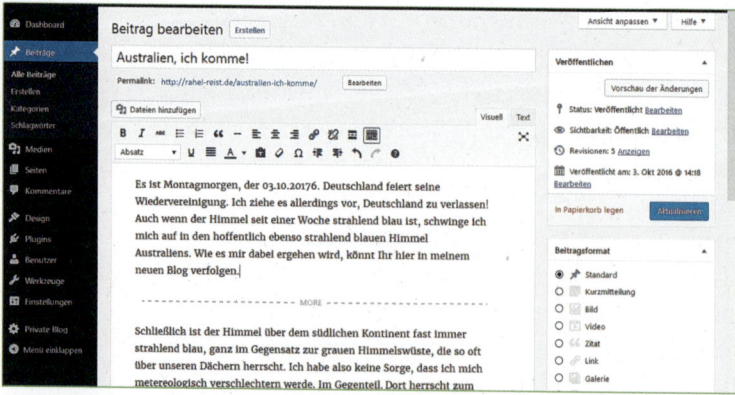

*fentlichen* klicken. Davon sollten Sie aber zunächst noch etwas Abstand nehmen.

Denn als Erstes sollten Sie Ihren Beitrag in Ruhe schreiben und gestalten. Damit das gelingt, benötigen Sie noch ein paar weitere Werkzeuge. Klicken Sie auf die Schaltfläche *Werkzeugleiste* umschalten, um weitere Anpassungsmöglichkeiten für Ihren Beitrag im Editor anzeigen zu lassen: Unterhalb der bisherigen Werkzeugleiste erscheint nun eine zweite Zeile mit praktischen Formatierungs-Buttons.

Der Komforteditor sieht nun fast so aus wie die Oberfläche der gängigen Office-Programme und stellt Ihnen Schaltflächen für Textformatierungen, Aufzählungen, Nummerierungen, Zitate, Linien, Blocksatz, Links zu anderen Internetseiten, Spiegelstriche und vieles mehr zur Verfügung. Benutzen Sie die Ihnen hier angebotenen Optionen ausgiebig , um sie in Ruhe zu testen.

## Links einsetzen

Wenn Sie beispielsweise eine spannende Internetseite gefunden haben, auf die Sie Ihre Leser aufmerksam machen wollen, können Sie diese in Ihrem Blogposting verlinken. Das ist im Grunde ein Querverweis, der Ihre Leser auf eine externe Seite führt.

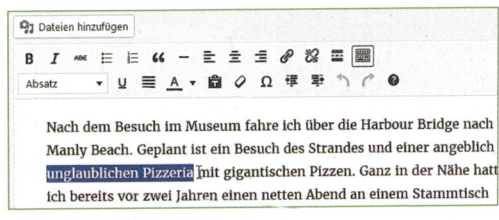

Damit die Leser trotzdem auf Ihrer Seite bleiben, sollten Sie den Link in einem neuen Tab öffnen lassen. Markieren Sie im Komforteditor zunächst das Wort, das Sie verlinken wollen.

Im vorgestellten Beispiel sollen Leser auf eine Pizzeria in Sydney verwiesen werden. Auf der verlinkten Webseite erhalten die Leser weitere Informationen zu besagter Pizzeria. Um einen Link zu platzieren, klicken Sie in der Werkzeugleiste auf das *Ketten*-Symbol mit der Beschriftung *Link einfügen/ändern*.

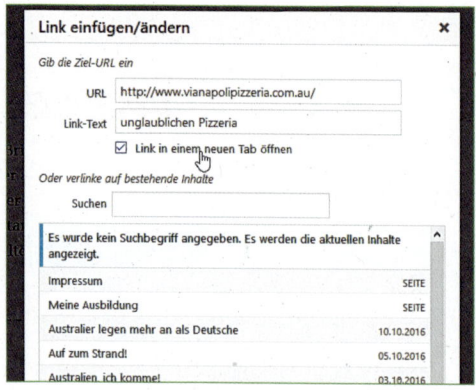

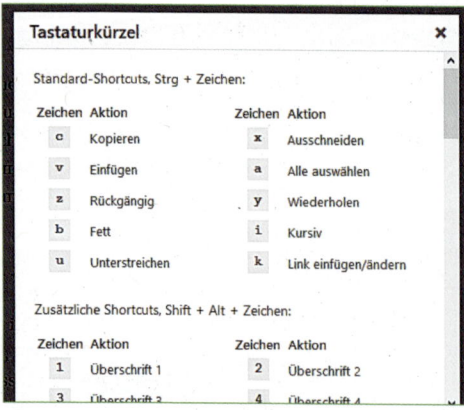

Es erscheint ein kleines Fenster, in das Sie den Link eintragen können. Tippen Sie hier die Domain ein, auf die Sie verlinken möchten. Mit einem abschließenden Klick auf das blaue *Return*-Symbol wird der Link platziert. Möglicherweise möchten Sie jedoch, dass der Link in einem neuen Browsertab geöffnet wird. Klicken Sie auf das *Zahnrad*-Symbol, damit die Link-Optionen angezeigt werden.

Setzen Sie hier den Haken bei *Link in einem neuen Tab öffnen* und klicken Sie abschließend auf *Aktualisieren*. Fertig, Ihr Link ist nun eingebaut und die verlinkte Seite öffnet sich beim Anklicken in einem neuen Tab.

## Texte übersichtlich formatieren

Achten Sie auf eine übersichtliche Gestaltung Ihrer Blogpostings. Verwenden Sie also lieber nicht zu viele Fettungen, kursive Schriften und verschiedene Textfarben. Unterteilen Sie Ihren Text in sinnvolle Absätze.

Wenn Sie etwas getan haben, was Ihnen im Anschluss doch nicht gefällt, können Sie den Fehler über die Schaltfläche *Rückgängig* korrigieren. Wenn Sie nicht alles mit der Maus bedienen möchten, können Sie sich über den Button *Tastaturkürzel* entsprechende Abkürzungen einblenden lassen.

Im Grunde ist die Werkzeugleiste Ihr wichtigstes Hilfsmittel beim Erstellen und Optimieren eines Beitrags. Nutzen Sie sie! Besonders dann, wenn Sie mehrere Beiträge veröffentlichen, sollten Sie auch über eine dort angebotene und ganz besonders interessante Funktion nachdenken: das Weiterlesen-Tag (zu Deutsch etwa: Weiterlesen-Markierung).

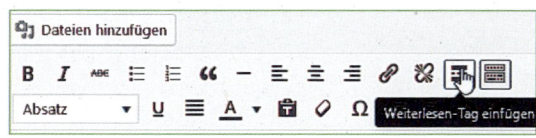

## Weiterlesen: Auf einen Beitrag neugierig machen

Ein Blog soll die Fülle an Beiträgen ebenso vermitteln wie die Details eines einzelnen Posts. Das Weiterlesen-Tag sorgt dafür, dass nur ein kurzer Text als Anreißer auf Ihrer Übersichtsseite oder Startseite erscheint. Der Leser bekommt also nur diese Einleitung Ihres Beitrags zu sehen – und darunter gleich die Einleitung des folgenden Posts. Besonders aufgeräumt sieht das Gesamtbild aus, wenn Sie für jeden Anreißer die gleiche Menge Text ansetzen. Formulieren Sie die ersten Sätze eines jeden Beitrags so, dass Ihre Besucher Lust auf mehr bekommen und auf *weiterlesen* klicken. Erst dann erscheint der vollständige Text und Ihre Besucher können den ganzen Beitrag lesen.

Vergessen Sie aber bei all der Arbeit im Komforteditor nicht, Ihren Beitrag auch zu speichern. Klicken Sie dafür oben rechts auf *Speichern*. Der Text ist nun in Ihrem WordPress gesichert und kann selbst bei einem Computer- oder Browserabsturz nicht mehr verloren gehen.

### → Erst einmal den Text formulieren

Am besten schreiben Sie zunächst einmal den Text. Erzählen Sie Ihre Geschichte. Formulieren Sie einen szenischen Einstieg, der die Aufmerksamkeit Ihrer Leser weckt, aber kommen Sie auch schnell zum Punkt. Eine ordentliche Struktur ist unerlässlich. Ist der Artikel fertig, können Sie ihn mit Feinheiten versehen: Formatierungen, Zwischenüberschriften und Bildern.

### Zwischenüberschriften für mehr Struktur

Setzen Sie gekonnt Zwischenüberschriften ein. Diese gliedern Ihre Absätze und tragen zur Lesbarkeit bei. Besucher, die Ihre Texte nur überfliegen, können so die wesentlichen Informationen aufschnappen, ohne den gesamten Fließtext lesen zu müssen. Neben der Gliederung haben Zwischenüberschriften eine weitere wichtige Funktion. Sie „füttern" die sogenannten Bots mit Infos. Bots sind Computerprogramme, die das World Wide Web absuchen, um Informationen für Suchmaschinen aufzubereiten. Je besser Ihre Seite also für diese Bots optimiert ist – und Zwischenüberschriften sind da nur eines von vielen Mitteln zum Zweck –, desto besser wird Ihr Blog bei Google, Bing und Co. gefunden. Achten Sie daher in den Zwischenüberschriften auch auf die richtigen Schlagwörter.

### → Probleme mit der Formatierung

Wenn plötzlich ganze Textabsätze als Zwischenüberschrift erscheinen, fehlt im Anschluss an die Überschrift ein Absatz. Klicken Sie zuerst auf *Rückgängig*, um die Formatierung wieder zu löschen. Nun fügen Sie einen Absatz hinter der Zeile ein, die Ihnen als Überschrift dienen soll. Erst jetzt weisen Sie der Zeile erneut die gewünschte Formatierung zu.

## Zwischenüberschriften für SEO

Wenn es in Ihrem Beitrag zum Beispiel um eine Reise geht, sollten in den Überschriften zum einen Wörter stehen, mit deren Hilfe Sie Ihre Leser durch Ihren Text führen möchten.

Zum anderen sollten Sie Begriffe verwenden, nach denen Nutzer die Suchmaschinen zum entsprechenden Thema befragen könnten. Auf diese Weise holen Sie genau diese User ab, denn Ihre Internetseite wird bei übereinstimmenden Anfragen auf den vorderen Plätzen der Ergebnisliste angezeigt (siehe auch „Suchmaschinenoptimierung: Bei Google ...", S. 154).

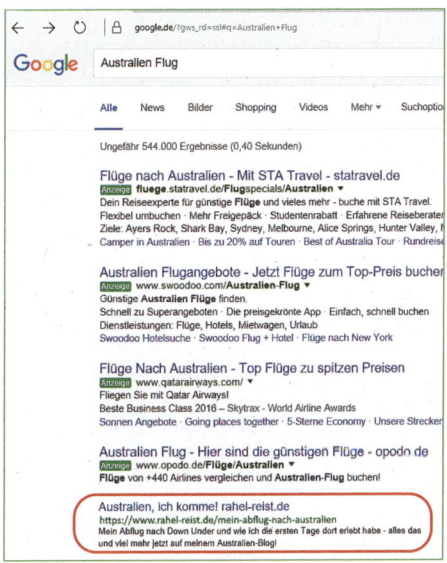

## Überschriftenhierarchien

Gehen Sie in der Auswahl der Zwischenüberschriften hierarchisch vor: Der ersten Überschrift sollten Sie das Format *Überschrift 1* zuweisen, der zweiten *Überschrift 2* und so weiter. Natürlich ist es nicht zwingend notwendig, alle sechs Überschriften zu nutzen, die WordPress Ihnen anbietet.

→ **Zwischendurch speichern nicht vergessen**

Man kann es nicht oft genug sagen: Vergessen Sie bitte zwischendurch das Speichern nicht! Die Funktion finden Sie im Bereich *Veröffentlichen*. Der Beitrag wird dadurch noch nicht öffentlich gemacht, aber Ihr Fortschritt ist gesichert.

### Die Vorschaufunktion

Diese äußerst nützliche Funktion finden Sie gleich neben dem *Speichern*-Button im Menü *Veröffentlichen*. Über diesen Knopf können Sie Ihren aktuellen Beitrag bereits vor der Veröffentlichung betrachten, als wäre er bereits online.

### Veröffentlichungen für die Zukunft planen

Im Bereich *Veröffentlichen* können Sie Ihre Beiträge nicht nur speichern oder in der Vorschau betrachten, sondern auch Feinheiten justieren. Wenn Sie beispielsweise einen Beitrag vorproduzieren möchten, können Sie seine Publikation hier anhand der Funktion *Veröffentlichen am …* genau datieren. Das hilft bei der Content-Planung, da Sie Material auf diese Art und Weise entsprechend vorbereiten können und nicht am Tage der Veröffentlichung jedes einzelnen Beitrags am Rechner sitzen müssen.

### → Content: Texte und mehr

WordPress ist nicht nur eine Blogsoftware, sondern auch ein sogenanntes Content-Management-System (zu Deutsch: Inhaltsverwaltungssystem). Genau darum geht es bei WordPress: um Ihre Inhalte – also Texte, Bilder, Videos, Dateien, Links oder Kommentare.

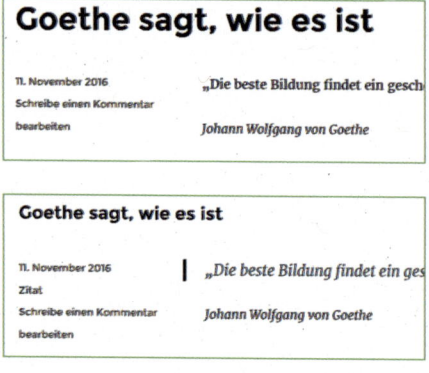

Das Beitragsformat allein macht noch kein perfektes Design.

Erst wenn auch der Fließtext über die Werkzeugleiste im Komforteditor als Zitat markiert wird, entfaltet das Beitragsformat „Zitat" seine schönste Wirkung und hebt einen kurzen und prägnanten Beitrag wirkungsvoll hervor.

**Beitragsformate richtig einsetzen**

Sie können zwischen verschiedenen Beitragsformaten wählen. Welche das sind, entnehmen Sie dem Abschnitt *Beitragsformat* auf der rechten Seite neben dem Komforteditor. Mit diesen Formatierungshilfen können Sie jeden Beitrag individuell gestalten.

→ **Standard in der Regel die beste Wahl**

Für einen gewöhnlichen Blog oder eine einfache Webseite ist das Beitragsformat Standard in der Regel die beste Wahl. Die verschiedenen Formate können Ihren Internetauftritt bei häufigem Einsatz unruhig und unaufgeräumt wirken lassen. Gestalten Sie lieber gute Standard-Beiträge als Postings in wechselnden Beitragsformaten. Wie allerdings die Formate letztlich aussehen, hängt ganz von der gewählten Designvorlage, also dem Theme, ab (siehe „Das passende Theme finden und …", S. 100).

Je nachdem, welches Theme Sie verwenden, werden die verschiedenen Beitragsformate auch farblich abgehoben. Auf diese Weise können Sie beispielsweise kurze Zitate hervorheben und Ihren Blog durch abwechslungsreiche Beitragsformate optisch auflockern. Allerdings unterstützen nicht alle Themes die gleichen Formate. Dafür können die Beitragsformate im Quellcode von WordPress angepasst werden – hierfür sind aber zwingend HTML- und CSS-Kenntnisse notwendig. In der Regel genügt das Standardformat, da der größte Gestaltungsspielraum sich ohnehin innerhalb eines Beitrags und nicht in dessen Formatierung im Front-End ergibt.

**Das Beitragsformat grundlegend definieren**

WordPress bietet Ihnen in den Einstellungen die Möglichkeit, Beitragsformate oder Kategorien grundlegend festzulegen. Klicken Sie dafür auf *Einstellungen › Schreiben*. Hier stellen Sie fest, ob WordPress eine Standardkategorie für Beiträge vorsieht, oder bestimmen selbst, ob ein Beitragsformat voreingestellt sein soll, wenn Sie einen neuen Beitrag anlegen. Darüber hinaus hatten Sie hier bis

Einstellungen › Schreiben

Hilfe ▼

| | |
|---|---|
| Formatierung | ☑ Wandle Emoticons wie `:-)` und `:-P` in Grafiken um.<br>☐ WordPress soll falsch verschachteltes XHTML automatisch korrigieren. |
| Standard Beitrags-Kategorie | Uncategorized ▾ |
| Standard-Beitragsformat | Standard ▾ |

**Via E-Mail schreiben**

Um Beiträge in WordPress via E-Mail zu veröffentlichen, musst du ein geheimes E-Mail-Konto mit POP3-Zugang einrichten. Jede E-Mail, die an diese Adresse geschickt wird, wird auf deiner Website veröffentlicht. Halte deshalb diese Adresse strengstens geheim. Hier drei Beispiele zufälliger Zeichenketten, die du verwenden könntest: `C7Q9FW71` , `c4nIV54B` , `Wq3rIhC2` .

| | |
|---|---|
| E-Mail-Server | mail.example.com    Port 110 |
| Anmeldename | login@example.com |
| Passwort | password |
| Standard-Kategorie für Beiträge per E-Mail | Uncategorized ▾ |

**Update-Services**

vor Kurzem noch die Möglichkeit, per E-Mail neue Blogbeiträge zu veröffentlichen. Diese Funktion ist allerdings veraltet und wird mit künftigen Updates entfernt. WordPress selbst empfiehlt dafür aber Plug-ins wie beispielsweise *Post By Email* oder *Postie*. Die letzte Funktion im Menüabschnitt *Schreiben* der Einstellungen ist der Update-Service. Hier können Sie gezielt die URLs von Blog-Aggregatoren eintragen, die von WordPress automatisch über neue Beiträge Ihrerseits informiert werden.

### → Was sind Aggregatoren?

Wollen Sie Zeit sparen? Ein Aggregator (lateinisch aggregare, zu Deutsch: hinzunehmen oder ansammeln) ist ein Web-Dienstleister, der Content wie beispielsweise Ihre Blogbeiträge sammelt, aufbereitet und kategorisiert. Die meisten Aggregatoren für Blogs nennen ihre Webadressen, an die man via Word-

Press automatisierte Infos zu neuen Beiträgen verschicken kann. Ihre Inhalte werden dann bei den informierten Aggregatoren verlinkt und Sie können zahlreiche neue Leser gewinnen.

## Kategorien wählen

Sie haben einen neuen Beitrag verfasst und ihm das entsprechende Format zugewiesen? Prima, dann sollten Sie ihn vor der Veröffentlichung noch einordnen. Sogenannte Kategorien bei WordPress sorgen dafür, dass Ihre Leser sich die Beiträge entsprechend sortiert anzeigen lassen können. Mit nur einem Klick können sie ausschließlich diejenigen Blogposts aufrufen, die sie interessieren. Das wäre beispielsweise ein Beitrag aus der Kategorie *Tipps & Tricks*. Kategorien können Sie in der Beitragsbearbeitung links auswählen. Hier können Sie auch eine *Neue Kategorie erstellen.*

Übrigens: Im Front-End Ihres Blogs tauchen nur diejenigen Kategorien auf, die auch mit Beiträgen bestückt wurden. Leere und damit nicht benötigte Kategorien blendet WordPress der Übersicht halber aus.

> **Info**
>
> **Kategorien gut strukturieren:** WordPress gestattet es Ihnen, Kategorien zu sortieren. Von dieser Option sollten Sie Gebrauch machen, wenn Sie nach und nach zahlreiche unterschiedliche Beiträge veröffentlichen, die thematisch womöglich verwandt sind. Kategorien können Sie unter *Beiträge > Kategorien* bearbeiten. Gehen Sie strukturiert vor und nehmen Sie sich für die Unterteilung etwas Zeit. Ihre Leser werden es Ihnen danken und die Suchmaschinen belohnen Sie mit einer besseren Platzierung Ihres Blogs.

### Schlagwörter für noch mehr Ordnung

Nicht nur Kategorien helfen beim Aufräumen. Auch Schlagwörter dürfen nicht fehlen. Wenn Ihr Blog mit der Zeit wächst und gedeiht, helfen diese Wörter ungemein beim Suchen. So können sich Ihre Leser – und natürlich auch Sie selbst – mit bestimmten Schlagwörtern versehene Beiträge anzeigen lassen. Neue Schlagwörter tragen Sie am besten während der Beitragsproduktion am rechten Rand unter *Schlagwörter* ein. Achten Sie darauf, immer dieselbe Schreibweise für je ein Schlagwort zu verwenden. Wenn Sie unachtsam sind, haben Sie schnell unterschiedliche Schlagwörter, mit denen Sie jedoch dasselbe meinen. Einem Beitrag dürfen Sie ruhig mehrere Schlagwörter zuordnen – so findet man ihn einfacher. Eine Übersicht über alle Schlagwörter finden Sie im WordPress-Back-End unter *Beiträge > Schlagwörter*.

## Beitragsbilder und Medien

Was wäre ein Webartikel ohne schöne Bilder? Damit Ihre Postings nicht nur aus Text bestehen, sollten Sie das eine oder andere Foto hinzufügen. Besonders eigene Aufnahmen, die zu Ihren Geschichten passen, sorgen für das gewisse Etwas. Denn eine Internetseite ohne Bilder ist langweilig.

Wenn Sie keine eigenen Fotos haben, können Sie bei zahlreichen Anlaufstellen im Netz Bildmaterial legal herunterladen. Wichtig ist in diesem Fall, dass Sie die Quelle sowie den Urheber angeben. Beachten Sie auch bei jedem Onlineangebot für Bilder die jeweiligen Lizenzbestimmungen und Vorgaben. Webseiten für den Download von Bildern sind beispielsweise Pixabay, Fotolia oder iStock.

Haben Sie passende Fotos gefunden, können Sie sie auf Ihren Blog hochladen und in Beiträgen verarbeiten.

**1** Dies gelingt, indem Sie im Komforteditor auf den Button *Dateien hinzufügen* klicken.

**2** Sie sehen nun den Bereich *Medien hinzufügen*. Hier können Sie Dateien von Ihrem Computer auf Ihren WordPress-Blog laden. Klicken Sie dafür auf den grauen Knopf *Dateien auswählen*. Alternativ können Sie Ihre Bilder von der Festplatte per Drag-and-drop in dieses Fenster ziehen.

**3** Wenn Sie auf *Dateien auswählen* geklickt haben, öffnet sich ein Fenster, in dem Ihre Ordner und Dateien auf der Festplatte anzeigt werden. Wählen Sie alle Bilder aus, die Sie ins Internet stellen möchten.

**4** Klicken Sie abschließend auf *Öffnen* und der Upload der Fotos beginnt.

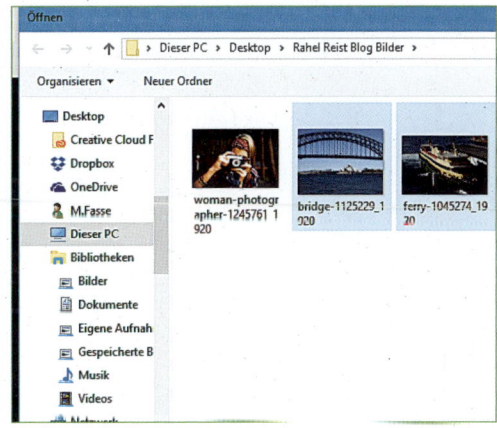

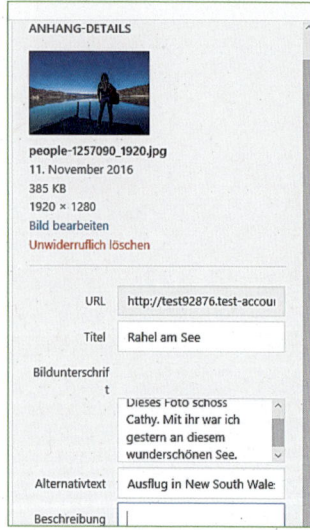

**5** Wenn Sie nur ein Foto in den Blogbeitrag einfügen möchten, können Sie die blau-weißen Häkchen an der oberen linken Ecke eines jeden hochgeladenen Fotos entfernen. Klicken Sie nun auf das Foto, das Sie für den Beitrag verwenden wollen. Möchten Sie doch lieber mehrere Bilder einfügen, können Sie weitere hinzufügen, indem Sie beim Anklicken die Taste *Strg* [bei Windows] bzw. *Cmd* [bei macOS] gedrückt halten.

**6** Auf der rechten Seite klappen die *Anhang-Details* auf, die Details zu Ihrem Foto. Hier sollten Sie dem Bild einen aussagekräftigen Titel geben (siehe auch Kasten „Anhang-Details", S. 72). Darüber hinaus können Sie entscheiden, ob Sie das Foto links, mittig oder rechts neben dem Text anordnen wollen. Auch die Größe sollten Sie angeben: Sie haben die Wahl zwischen *Vorschaubild, Mittel, Groß* oder der *vollständigen Größe*. Soll das Bild anklickbar sein? Sie können entscheiden, ob das Bild selbst in einem neuen Tab vergrößert dargestellt werden oder ob ein Klick auf das Bild den Besucher zu einer anderen Webseite führen soll. Idealerweise tragen Sie hier den Link zum Beitrag ein. So kommt der Leser zum Posting, indem er das Bild anklickt.

**7** Nachdem Sie auf *In den Beitrag einfügen* geklickt haben, taucht das Bild im Komforteditor auf.

**8** Das Foto ist an einer ganz falschen Stelle gelandet? Kein Problem! Klicken Sie es mit der linken Maustaste an und halten Sie sie gedrückt. Ziehen Sie das Bild nun an die gewünschte Stelle.

**9** Über das *Stift*-Symbol können Sie zudem die Größe und die Anhang-Details des Bildes auch im Nachhinein noch ändern.

**Rechte bei Bildern:** Die gemeinnützige Organisation Creative Commons, stellt verschiedene Standardlizenzverträge zur Verfügung, mit denen Autoren oder Fotografen die Nutzungsrechte an ihren Werken einräumen können (creativecommons.org). Zwei Beispiele:

▶ **CC BY-SA 2.0:** Dieser Code steht für Creative Commons bei Namensnennung und Weitergabe unter gleichen Bedingungen. Entsprechend gekennzeichnete Bilder dürfen Sie kostenlos auf Ihrem Blog verwenden. Sie müssen aber den Urheber nennen sowie auf die entsprechende Lizenz bei Creative Commons verlinken (in diesem Fall: https://creativecommons.org/licenses/by-sa/2.0/). Sie dürfen das Foto sogar bearbeiten, wenn Sie darauf hinweisen.

▶ **CC 0:** Dieser Code steht für Creative Commons Zero und bedeutet, dass der Urheber ein entsprechend gekennzeichnetes Werk der Allgemeinheit zur freien Verfügung stellt. Sie dürfen dieses Material benutzen, verändern, verbreiten und auch kommerziell nutzen, ohne um Erlaubnis zu fragen oder den Urheber nennen zu müssen. Ein solches Werk nennt man auch gemeinfrei.

**Tipp:** Beachten Sie auch das Recht am eigenen Bild. Fotografieren Sie selbst eine fremde Person, dürfen Sie das Bild dennoch nicht ohne Einverständnis dieser Person veröffentlichen. Verschiedene Ausnahmen gelten, etwa wenn die Person nur Beiwerk neben einer Sehenswürdigkeit ist.

→ **Die optimale Bildgröße**

Große Bilder sehen toll aus. Je größer ein Foto jedoch ist, desto mehr Platz nimmt es auf dem Webserver ein. Darüber hinaus verursachen große Bilder längere Ladezeiten, was sich als Nachteil erweisen kann. Bedenken Sie, dass manche Leser Ihren Blog via Smartphone oder Tablet besuchen und möglicherweise über einen vom Telefonanbieter begrenzten Internetzugang verfügen. Wie Sie Bilder ganz bequem auf die perfekte Größe skalieren, sollten Sie ebenfalls wissen (siehe „Imsanity: Bilder automatisch verkleinern lassen", S. 128).

**Info**

**Anhang-Details – Bilder beschriften:** Wenn Sie ein Foto einfügen, erscheinen am rechten Rand mehrere Textfelder, die ausgefüllt werden wollen.

▶ **Titel:** Der Titel ist die Überschrift des Bildes. WordPress übernimmt standardmäßig den Dateinamen des Bildes. Ändern Sie den Titel und formulieren Sie eine treffende Überschrift.

▶ **Bildunterschrift:** Auch dieses Feld erklärt sich beinahe von selbst. Hier kommt der Text hinein, der im Blogbeitrag unter diesem Foto zu lesen sein wird. Ein erklärender Satz kann zum besseren Verständnis beitragen.

▶ **Alternativtext:** Die sogenannten alt-Texte sind nicht zu vernachlässigen. Sie werden angezeigt, falls das Bild aus technischen Gründen nicht dargestellt werden kann. Wenn Sie dieses Feld leer lassen, zieht sich WordPress automatisch den Titel-Text als Alternativtext. Suchmaschinen achten ebenfalls auf die alt-Texte, daher kann es nicht schaden, wenn Sie in dieses Feld elementare Begriffe eintragen, die auch in Ihrem Text vorkommen. So wird Ihre Seite im Internet von Suchmaschinen noch besser gefunden.

▶ **Beschreibung:** Wenn Sie möchten, können Sie Ihren Bildern auch längere Beschreibungen als eine Art Bildunterschrift zuweisen. Diese Texte tauchen nicht unmittelbar im entsprechenden Blogbeitrag auf, werden aber sichtbar, wenn ein Nutzer länger mit dem Mauspfeil über dem Bild verweilt. Im Bereich Medien finden Sie sie ebenfalls (siehe „Die Medien Ihrer Webseite verwalten", S. 75).

## Zusätzliche Einstellungen der Medieninhalte

In welcher Größe Ihre Aufnahmen standardmäßig dargestellt werden sollen, können Sie in den Einstellungen definieren. Klicken Sie dafür auf *Einstellungen > Medien*.

Hier definieren Sie jeweils die maximale Breite und die maximale Höhe der Bilder, die als *Vorschaubilder*, *Mittelgroß* oder *Groß* in Ihren Beiträgen eingefügt werden. Wenn Sie nicht gerade ein spezielles Theme oder ein individuell mit einem CSS- oder HTML-Code angepasstes Design verwenden, sollten Sie die hier vorgegebenen Werte verwenden.

Darüber hinaus können Sie angeben, ob die Bilder nach dem Upload in monats- und jahresbasierten Ordnern sortiert werden sollen. Das mag zu Beginn etwas übertrieben wirken, auf lange Sicht ist diese Option aber durchaus hilfreich.

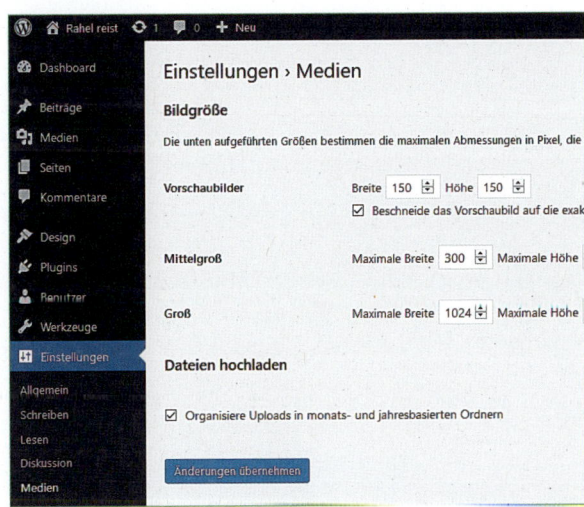

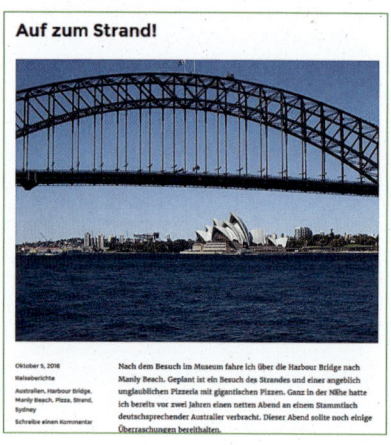

### Zu guter Letzt: Das Beitragsbild

Ihr erster Beitrag ist fast fertig, bald können Sie ihn veröffentlichen. Eine Kleinigkeit sollte aber nicht fehlen: das Beitragsbild. Je nachdem, welches Theme Sie verwenden, wird das Foto im Front-End größer oder kleiner dargestellt. Ein Beitragsbild wählen Sie einfach aus den zuvor hochgeladenen Fotos aus oder laden es kurzerhand neu hoch, ähnlich wie Ihre übrigen Bilder.

Klicken Sie im Menü *Beitrag bearbeiten* rechts unten auf *Beitragsbild festlegen*. Es erscheint exakt das gleiche Menü wie zuvor beim Einfügen der Bilder in Ihren Beitrag. Laden Sie das gewünschte Foto hoch oder wählen Sie eines aus der Mediathek aus. Tragen Sie noch den Titel und einen Alternativtext ein. Eine Bildunterschrift benötigen Sie für Beitragsbilder nicht, da diese ohnehin nicht angezeigt wird. Klicken Sie abschließend auf *Beitragsbild festlegen*.

Alle Ihre Bilder und sonstigen hochgeladenen Daten finden Sie im WordPress-Bereich *Medien*. Hier können Sie alle Daten verwalten, bearbeiten oder löschen.

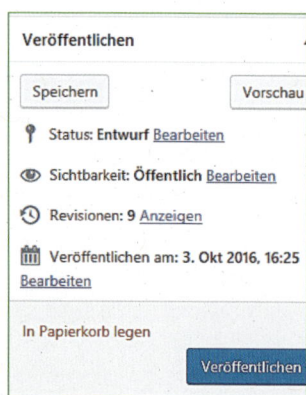

### Zum Abschluss:
### Den ersten Beitrag veröffentlichen

Herzlichen Glückwunsch! Sie haben Ihren ersten Beitrag geschrieben, angepasst und gestaltet. Nun kann er veröffentlicht werden.

**1** Klicken Sie dazu abschließend auf *Veröffentlichen*.

**2** Alternativ tragen Sie über diesem Button ein Datum ein, um die Veröffentlichung des Beitrags im Voraus zu planen. So können Sie Beiträge vorproduzieren und diese dann beispielsweise immer wöchentlich veröffentlichen.

# Die Medien
# Ihrer Webseite verwalten

**Direkt unter** *Beiträge* befindet sich im Menü der Bereich *Medien*. Hier können Sie sämtliche hochgeladenen Dateien verwalten und neue Inhalte hinzufügen. Auch diejenigen Fotos oder Dateien (wie beispielsweise PDF-Dokumente, Videos oder auch Audiodateien), die Sie während der Produktion eines Beitrags hochgeladen haben, sind hier gespeichert. Die Medienverwaltung zeigt Ihnen darüber hinaus an, wer das Foto oder die PDF-Datei auf Ihren Blog geladen hat (falls Sie mehrere Benutzer oder Autoren für Ihr WordPress-Projekt einplanen), sowie den Zeitpunkt des Uploads.

Wenn Sie ein Medium bearbeiten möchten, können Sie dazu entweder auf den entsprechenden Titel oder auf *Bearbeiten* klicken. Letzterer Befehl taucht auf, sobald Sie mit der Maus über einen Eintrag in der Mediathek fahren, ganz ähnlich wie bei der QuickEdit-Funktion der Beiträge.

Ein Klick auf *Anschauen* zeigt Ihnen den Medieninhalt an. Die Rasteransicht, die Sie über das linke Icon aktivieren können, gibt Ihnen weitere Infos. Die Spalte *Hochgeladen zu* zeigt

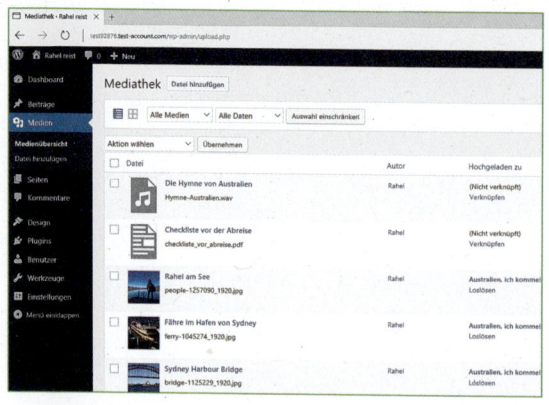

beispielsweise, ob ein Bild oder eine Datei bereits in einen Beitrag eingebunden wurde.

Diese Verknüpfung können Sie hier gezielt lösen. Das ist besonders dann hilfreich, wenn Sie ein bestimmtes Foto nicht mehr verwenden möchten. Auf diese Weise brauchen Sie es nicht erst umständlich in den einzelnen Beiträgen suchen, sondern können es dem jeweiligen Beitrag oder mehreren Beiträgen auf einmal bequem über die Mediathek „entziehen". Auch dies ist eine Stärke von Content-Management-Systemen wie WordPress.

### → Medien löschen

Anders als Blogbeiträge werden Medien wie Fotos, PDF, HTML-Texte, Videos, Audiodateien und andere komplett gelöscht. Sobald Sie *Unwiderruflich löschen* anklicken, verschwinden die Dateien ohne den Umweg über einen Papierkorb.

### Inhalte direkt verlinken

Ebenfalls in dem Menü *Medium bearbeiten* sind ein Permalink sowie die Datei-URL zu finden. URL steht für Uniform Resource Loca-

tor (zu Deutsch: einheitlicher Ressourcenzeiger). Dabei handelt es sich um einen Direktlink, der unmittelbar zu einer speziellen Datei in Ihrer Mediathek führt. Wenn Sie jemandem beispielsweise nur ein bestimmtes Foto zeigen möchten, können Sie dies mithilfe der Datei-URL bewerkstelligen. Diese kann deshalb auch nicht verändert werden. Der Permalink hingegen zeigt einen in Ihre Word-Press-Seite eingebetteten Medieninhalt an. Der Permalink kann geändert werden.

# Kommentare lesen, bearbeiten und löschen

**Rückmeldungen von Besuchern** sind eine tolle Sache. Wer regelmäßig auf die Kommentare seiner Leser eingeht und mit ihnen in einen Dialog tritt, kann sich auf viele treue Leser freuen. Auch wenn sich die Kommentare anfangs in Grenzen halten werden: Nutzen Sie die gute Kommentarfunktion von WordPress ausgiebig.

### → Schutz vor Spam

Leider wird die Kommentarfunktion oft für Spam missbraucht. Diese unerwünschten Kommentare werden meistens von computergesteuerten Programmen geschrieben und beinhalten oft englische Werbung für völlig themenfremde Webseiten. Word-Press bietet Ihnen die Möglichkeit, sich vor solchen Spam Kommentaren zu schützen (siehe „Spam keine Chance geben", S. 147).

Klicken Sie im Menü auf *Kommentare*. Wenn Sie WordPress gerade frisch installiert haben, ist dieser Teil des Back-Ends natürlich leer. Allerdings werden die Rückmeldungen nach und nach kommen, und Sie sollten auf die Kommentare reagieren. Treten Sie über die Funktion *Antworten* in einen Dialog mit Ihren Lesern.

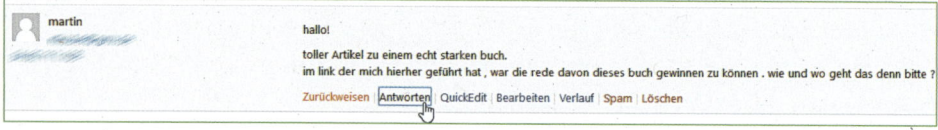

Diese und weitere Funktionen tauchen auf, sobald Sie mit der Maus über einen Kommentar fahren. Wie bei den Beiträgen können Sie auch bei Kommentaren von der QuickEdit-Funktion Gebrauch machen. Mithilfe dieser Funktion können Sie Kommentare bearbeiten und den Kommentatoren sogar Worte in den Mund legen – das verbietet sich aber.

Wenn Ihnen ein Kommentar nicht gefällt, sollten Sie ihn lieber nicht genehmigen. WordPress hat standardmäßig einen Schutz aktiviert, der dafür sorgt, dass Sie zunächst alle Kommentare genehmigen müssen. Kommentare sind also nicht für andere Besucher sichtbar, bevor Sie sie nicht gelesen und freigegeben haben. Die Genehmigung erfolgt ebenfalls über das Mouseover-Menü.

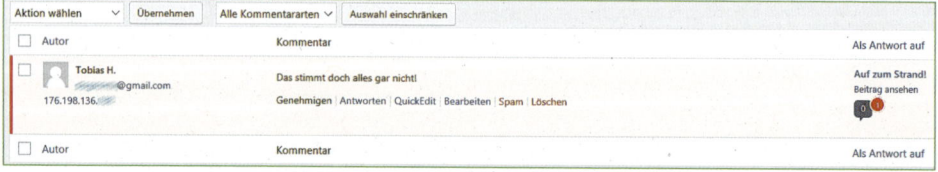

Leider sind nicht immer alle Kommentatoren besonders freundlich. Die Anonymität des Internets erlaubt es, Spam und viele weitere überflüssige, ärgerliche bis gefährliche Kommentare zu streuen und dabei unerkannt zu bleiben. Unnütze Rückmeldungen von Besuchern können Sie im Kommentare-Menü kurzerhand löschen oder als Spam markieren. In der Kommentarübersicht sehen Sie auch die E-Mail-Adresse des Kommentators. Diese Angabe ist bei

WordPress Pflicht, doch leider können Kommentatoren auch falsche Adressen angeben. Daher stellt Ihnen die Websoftware eine weitere wichtige Information über den kommentierenden Gast zur Verfügung: seine IP-Adresse. Diese ändert sich zwar in regelmäßigen Abständen. Dennoch können Sie die IP-Adresse eines Kommentators angeben, falls Sie jemanden anzeigen möchten. Dazu haben Sie auf jeden Fall die Möglichkeit, wenn jemand klar gegen geltendes Recht verstößt, auf verbotene Inhalte verlinkt oder Sie extrem beleidigt. Mithilfe der IP-Adresse kann die Polizei den Täter ermitteln.

### Die Diskussionsrunde moderieren

Was die Debattenkultur in Ihrem Blog angeht, haben Sie vielerlei Optionen. Der vierte von sechs Menüpunkten in den Einstellungen betrifft die Diskussion auf Ihrem Blog.

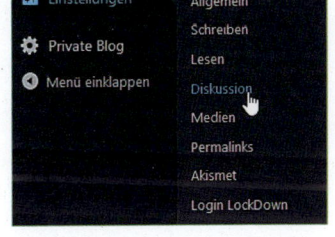

Hier haben Sie viele Anpassungsmöglichkeiten. Zum einen können Sie globale Einstellungen vornehmen, wie etwa Link-Benachrichtigungen von anderen Blogs erlauben, und festlegen, unter welchen Voraussetzungen die Besucher Ihres Blogs Ihre Beiträge kommentieren dürfen.

Einstellungen › Diskussion

| Standardeinstellungen für Beiträge | ☑ Versuche, jedes in Beiträgen verlinkte Weblog zu benachrichtigen (verlangsamt das Veröffentlichen) |
| | ☑ Erlaube Link-Benachrichtigungen von anderen Blogs (Pingbacks und Trackbacks) bei neuen Beiträgen |
| | ☑ Erlaube Besuchern, neue Beiträge zu kommentieren |
| | *(Diese Einstellungen können für jeden Beitrag individuell geändert werden.)* |
| Weitere Kommentareinstellungen | ☑ Benutzer müssen zum Kommentieren Name und E-Mail-Adresse hinterlassen |
| | ☐ Benutzer müssen zum Kommentieren registriert und angemeldet sein |
| | ☐ Kommentare zu Beiträgen, die älter als 14 Tage sind, automatisch schließen |
| | ☑ Verschachtelte Kommentare in 5 Ebenen organisieren |
| | ☐ Breche Kommentare in Seiten um, mit 50 Top-Level-Kommentaren pro Seite und zeige die letzte Seite standardmäßig an. |
| | Die ältesten Kommentare sollen oben stehen |

Darüber hinaus bestimmen Sie, welche Daten Ihre Besucher angeben müssen, bevor sie überhaupt einen Kommentar verfassen dürfen. Zu Beginn ist es auch nicht schlecht, den Haken neben die Genehmigung zu setzen, beziehungsweise gesetzt zu lassen: So gelangt kein Kommentar unter einen Beitrag, den Sie nicht persönlich freigeschaltet haben. Das beugt Spam vor und ist gerade am Anfang Ihrer Bloggerkarriere noch zu handhaben, da die Anzahl der ersten Kommentare überschaubar sein wird.

# Die Benutzer
# Ihres Blogs verwalten

**Womöglich möchten Sie einen Blog betreiben,** an dem nicht nur Sie allein arbeiten. Bandkollegen oder Ihre Reisebegleitung sollten ebenfalls Beiträge verfassen und veröffentlichen dürfen. Der erste Benutzer einer frischen WordPress-Installation sind aber immer Sie als Betreiber. Im Menü *Benutzer* sehen Sie Ihren Namen und Ihre Benutzerrolle als Administrator. WordPress kennt nämlich verschiedene Rollen, die den einzelnen Benutzern zugeordnet werden können.

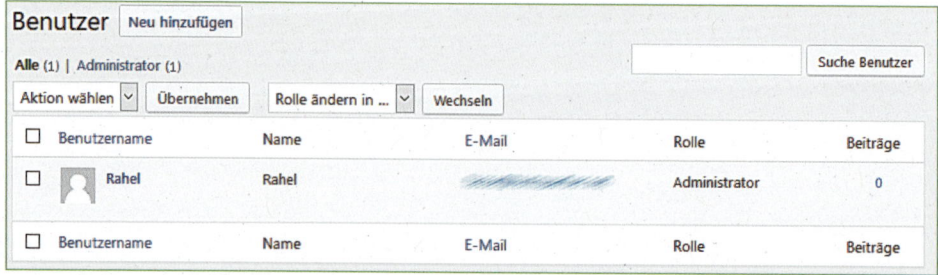

So ist es möglich, von Anfang an verschiedene Nutzer einzuplanen, etwa wenn Sie mit jemandem auf Reisen gehen, der ebenfalls Blogbeiträge verfassen möchte. Vielleicht hat auch ein Mitglied Ihrer Band den Wunsch, Postings zu veröffentlichen. Für diesen Fall können Sie weitere Benutzer anlegen und ihnen verschiedene Rollen zuweisen. Die jeweiligen Rollen definieren Privilegien oder Berechtigungen, bestimmte Bereiche Ihrer Webseite benutzen zu dürfen. Um einen neuen Nutzer anzulegen, klicken Sie im *Benutzer*-Menü auf *Neu hinzufügen*. Wichtig sind hier folgende Aspekte:

▶ **Benutzername:** Unter diesem Namen bewegt sich der neue Nutzer (auch öffentlich) auf Ihrem Blog. Es kann der Klarname, aber auch ein anonymer Nickname sein wie etwa Orchidee-85.

▶ **Name:** Am besten der echte Vorname. Er ist nicht öffentlich.

▶ **E-Mail:** Ihr neuer Benutzer benötigt eine gültige E-Mail-Adresse, um über alle wichtigen Vorkommnisse informiert zu werden.

▶ **Passwort:** WordPress gibt ein ausreichend starkes Passwort vor. Dieses kann der neue Benutzer aber ändern. Ein entsprechender Link wird ihm in einer E-Mail geschickt, sollten Sie die Benutzer-Benachrichtigung aktiviert haben.

▶ **Rolle:** Diese Funktion ist sehr wichtig. Teilen Sie zunächst lieber keinem anderen außer sich selbst die Rolle des Administrators zu. Admins können sämtliche Einstellungen in WordPress vornehmen. Diese Macht sollten Sie nicht leichtfertig aus der Hand geben.

## Verfügbare Rollen für neue Benutzer

▶ **Administrator:** Der Administrator hat das alleinige, volle und uneingeschränkte Eigentum an dem WordPress-Blog und kann tun und lassen, was er will. Er kann sogar den kompletten Blog einfach löschen – daher sollten nur Sie die Rechte des Administrators Ihrer Webseite beanspruchen.

▶ **Redakteur:** Ein Redakteur kann jeden Beitrag und jede Seite bearbeiten, Kommentare moderieren, Kategorien und Schlagwörter verwalten und Medien hochladen. Einzig die administrativen Ein-

> Neu hinzufügen

stellungen wie Designs verwalten oder Plug-ins installieren kann ein Redakteur nicht.

▶ **Autor:** Ein Autor kann seine eigenen Beiträge bearbeiten, veröffentlichen und löschen, darf Medien hochladen, nicht jedoch Seiten bearbeiten.

▶ **Mitarbeiter:** Ein Mitarbeiter kann seine eigenen Beiträge bearbeiten, aber nicht veröffentlichen. Für ihn besteht nicht die Option, Medien hochzuladen.

▶ **Abonnent:** Ein Abonnent bekommt Hinweise, wenn Sie neue Inhalte veröffentlichen, kann jedoch außer seinen eigenen Kommentaren nichts bearbeiten.

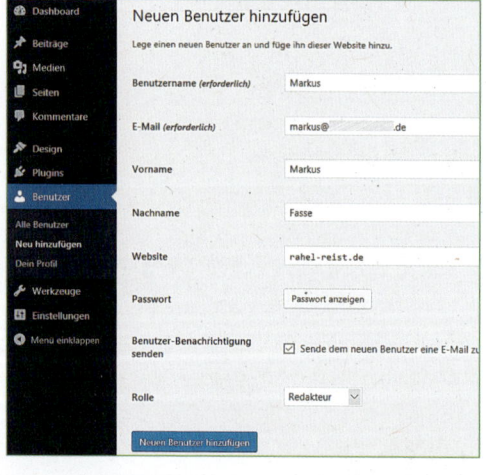

### Sicherheit bei Vergabe der Rolle

Sie als Administrator können die Rolle eines Benutzers jederzeit ohne dessen Zustimmung ändern.

Wichtig: Sie müssen entscheiden, ob sich grundsätzlich andere Benutzer bei Ihrer WordPress-Seite registrieren dürfen, um beispielsweise als Abonnent über neue Beiträge informiert zu werden. Diese Vorgaben können Sie in den Einstellungen von WordPress anpassen. Sie finden sie unter *Einstellungen > Allgemein*.

Stellen Sie zu Beginn die Standardrolle besser nicht gleich auf *Mitarbeiter* oder gar *Autor*. Neu angemeldete, Ihnen unbekannte Leser und Benutzer könnten sonst direkt auf Ihren Blog zugreifen und selbstständig Beiträge veröffentlichen. Die von WordPress eingerichtete Standardeinstellung *Abonnent* ist also sinnvoll, wenn sich neue Benutzer anmelden dürfen.

# Statische Seiten anlegen: Impressum und Startseite

**WordPress ist mehr als nur eine Anwendung** für ein digitales Tagebuch, bei dem neue Beiträge chronologisch die älteren nach unten verdrängen. Seit Version 1.5 können Sie neben diesen journalartigen Einträgen auch statische Seiten erstellen. Diese können Sie nutzen, um etwa ein Impressum anzulegen oder Ihren Besuchern mehr über sich zu erzählen. Links zu diesen Artikeln können so platziert werden, dass sie permanent im sichtbaren Bereich sind. Klicken Sie im Menü links auf *Seiten*. Es erscheint eine Übersicht, die genauso aussieht wie die Auflistung sämtlicher Blogbeiträge, nur dass es sich hier um statische Seiten statt um einzelne Beiträge handelt. Ähnlich wie bei den Beiträgen sehen Sie hier zu Beginn einen Platzhalter. Statt „Hello World!" steht hier „Sample Page".

## Einen Über mich-Bereich anlegen

Um eine Über mich-Seite anzulegen, klicken Sie oberhalb der Seitenübersicht auf *Erstellen*. Sie sehen den Ihnen bereits vertrauten Komforteditor, der Sie auch bei der Produktion eines Beitrags begleitet. Der Komforteditor bietet Ihnen die Möglichkeit, die Seite zu gestalten und zu bearbeiten. Ein paar Unterschiede gibt es aber doch. So fehlen beim Erstellen einer Seite einige Optionen am rechten Rand: Beitragsformat, Kategorien und Schlagwörter sind für eine statische Seite nicht nötig. Entscheidend ist, welche Inhalte Sie auf eine statische Seite setzen.

Seiten werden in der Regel direkt in ein Menü eingegliedert und sind somit

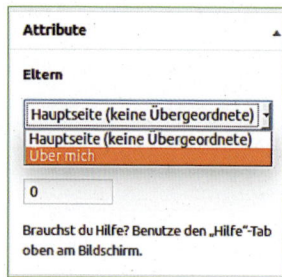

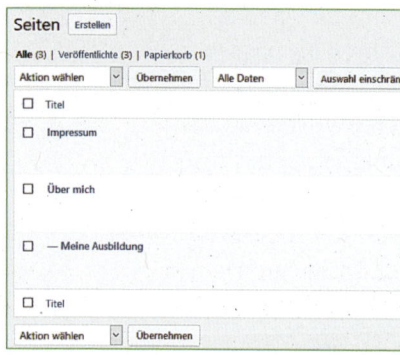

schnell auffindbar. Eine Suche über Schlagwörter oder Kategorien ist weder nötig noch möglich. Dafür gibt WordPress Ihnen ein anderes Feld hinzu: Attribute.

Im Abschnitt *Attribute* auf der rechten Seite können Sie festlegen, ob Ihre Seite „Eltern" hat, also übergeordneten Seiten zuzuordnen ist. Sie können der statischen Seite *Über mich* eine andere Seite unterordnen – beispielsweise *Meine Ausbildung*. Auf diese Weise entwerfen Sie eine sinnvolle Struktur für Ihre Seiten und gewährleisten, dass alle wichtigen Informationen an richtiger Stelle zusammengefasst sind. In der Übersicht werden untergeordnete Seiten mit einem langen Gedankenstrich vor dem Titel unter die entsprechende Eltern-Seite gesetzt. Besonders interessant wird diese Vorgehensweise dann, wenn Sie ein eigenes Menü anlegen möchten (siehe „Statische Seiten in ein Menü ...", S. 86).

**Info**

**Impressumspflicht:** Das Bundesjustizministerium formuliert: „Die Anbieterkennzeichnungspflicht muss praktisch von jedem, der ein Online-Angebot bereithält, erfüllt werden. Etwas anderes gilt nur bei Angeboten, die ausschließlich privaten oder familiären Zwecken dienen und die keine Auswirkung auf den Markt haben. Im Zweifel sollten Sie davon ausgehen, dass die Anbieterkennzeichnungspflicht besteht."

Wenn Sie Ihren Blog veröffentlichen, also nicht nur per Passwort einer bestimmten privaten Leserschaft zugänglich machen, jedoch nicht gewerblich betreiben, indem Sie kostenpflichtige Angebote präsentieren oder Einnahmen über Werbeeinblendungen generieren, gilt für Sie die eingeschränkte Impressumspflicht. Das heißt, dass Sie Ihren Namen und Ihre Anschrift, nicht jedoch Ihre E-Mail-Adresse und Ihre Telefonnummer angeben müssen.

Möchten Sie Ihren Webauftritt professioneller gestalten, sollten Sie jedoch ein vollständiges Impressum entwerfen. Legen Sie dafür in jedem Fall eine statische Seite an. Praktische Impressumgeneratoren finden Sie im Internet.

## Feste Startseite anstelle der aktuellsten Beiträge: Die Homepage der Webseite festlegen

Wenn Sie eine oder mehrere Seiten gestaltet haben, möchten Sie vielleicht, dass eine dieser Seiten anstelle der Übersichtsseite der Beiträge angezeigt wird, sobald jemand Ihre Webseite aufruft. Das können Sie in den Einstellungen von WordPress festlegen.

In dieses Set-up kommen Sie über *Einstellungen > Lesen*. Hier bestimmen Sie, ob Besucher beim Aufruf Ihrer neuen Webseite die letzten Beiträge oder eine statische Seite angezeigt bekommen. Wenn Sie Ihre Besucher aber direkt mit Ihren neuen Texten, Bildern oder Videos ansprechen wollen, sollten Sie die Einstellung für die Startseite unangetastet lassen. Darüber hinaus haben Sie hier die Option, die Anzahl der Blogbeiträge pro Seite zu begrenzen. Pro Seite wird dann eine bestimmte Anzahl von Beiträgen inklusive Titel, Bild und Kurzfassung angezeigt. Wer mehr lesen möchte, muss am Ende der Seite weiterblättern, um weitere Beiträge angezeigt zu bekommen. Die Begrenzung auf beispielsweise zehn Beiträge ist deshalb hilfreich, da die Ladezeiten einer Webseite kürzer ausfallen, wenn weniger Beiträge aufgerufen werden müssen.

### Statische Seiten in ein Menü eingliedern

Damit Ihre Seiten auch voll zur Geltung kommen, benötigen Sie auf Ihrer Webseite ein Navigationsmenü. Dieses taucht, je nach Theme, am oberen Rand auf, meistens ganz rechts. Im Navigationsmenü können Besucher Ihrer Webseite alle Seiten sehen und aufrufen. Da Seiten nicht automatisch einem Menü zugeordnet werden, müssen Sie sich darum kümmern. Aber keine Sorge: Der folgende Workshop erklärt Ihnen Schritt für Schritt, wie Sie

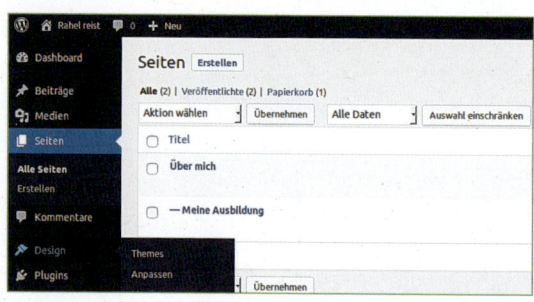

Seiten einem Menü zuordnen. Fahren Sie zunächst links im Menü über den Eintrag *Design* und klicken Sie anschließend auf *Menüs*.

**1** Das Menü *Menüs bearbeiten* sieht zunächst gänzlich leer aus. Geben Sie Ihrer künftigen Navigation einen Namen, zum Beispiel *Hauptmenü*, und klicken Sie auf den blauen Button mit der Beschriftung *Menü erstellen*.

**2** Sie sehen nun ihr frisch angelegtes Menü, allerdings noch ohne Seiten. Bevor Sie diese einfügen, können Sie bestimmen, ob künftige Seiten diesem Menü automatisch zugeordnet werden sollen. Lassen Sie indes das Häkchen bei *Social Media Menü* weg. Ein Menü speziell für Social Media wird bei den gängigen Themes ganz unten am Rande platziert und dient dazu, die Links zu Facebook, Twitter und Co. bereitzustellen. Klicken Sie lieber auf das Kästchen neben dem Eintrag *Hauptmenü*. Dann weiß WordPress,

dass dieses Menü ganz oben platziert werden und als Hauptmenü dienen soll. Klicken Sie anschließend auf *Menü speichern*.

**3** Nun können Sie beginnen, die bestehenden Seiten diesem Hauptmenü unterzuordnen. Wählen Sie dafür einfach die jeweiligen links aufgeführten Seiten aus und klicken Sie auf *Zum Menü hinzufügen*. Wenn Sie alle Seiten im Menü erreichbar machen wollen, klicken Sie *Alle auswählen* an – schon sind alle Häkchen platziert.

**4** Im Grunde ist Ihr Menü nun fertig und einsatzbereit. Ein Feinschliff kann aber nicht schaden. Beispielsweise soll die Seite *Meine Ausbildung* der Seite *Über mich* untergeordnet werden. So bleibt das Hauptmenü schön schlank und der Benutzer wird beim Navigieren nicht überfordert. Ziehen Sie dafür die Seite, die untergeordnet werden soll, unter die übergeordnete Seite. Die untergeordnete Seite ist nun leicht nach rechts eingerückt (siehe *Meine Ausbildung* als Unterabschnitt im Bild). Klicken Sie auf *Menü speichern*.

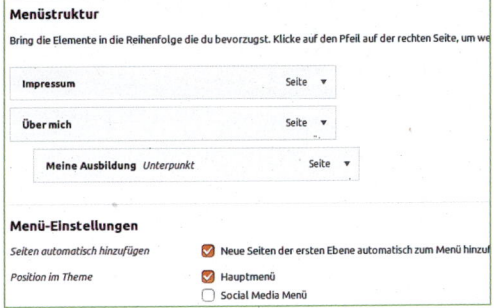

**5** WordPress-Menüs können mehr als nur Seiten darstellen. Es ist problemlos möglich, individuelle Links sowie Kategorien und sogar einzelne Beiträge in ein Menü einzugliedern und sie so für Ihre Leser sofort zugänglich zu machen. Klicken Sie dafür links auf den gewünschten Bereich, zum Beispiel auf *Kategorien*, und setzen Sie ein Häkchen neben die Kategorie, die ins Menü gelangen soll (siehe „Kategorien wählen", S. 67).

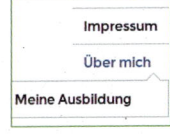

**6** Klicken Sie erneut auf *Zum Menü hinzufügen* und speichern Sie die Änderung ab. Danach sehen Sie Ihr Menü auf Ihrer Internetseite auch im Front-End.

### Das Social Media Menü

Neben dem Hauptmenü bietet die Einstellung der WordPress-Menüs die Option für die Einbindung speziell von sozialen Netzwerken. Wenn Sie beispielsweise neben Ihrem Blog noch eine Facebook-Seite betreiben, können Sie das Social Media Menü einsetzen, um einen direkten Link zu Facebook zu platzieren.

Der Clou: Das Social Media Menü verzichtet auf Text und greift stattdessen auf Icons zurück. Ein Link zu Facebook wird also durch das charakteristische Facebook-Icon dargestellt.

**1** Klicken Sie auf *Design › Menüs*. Sie sehen nun zunächst Ihr Hauptmenü und können es bearbeiten.

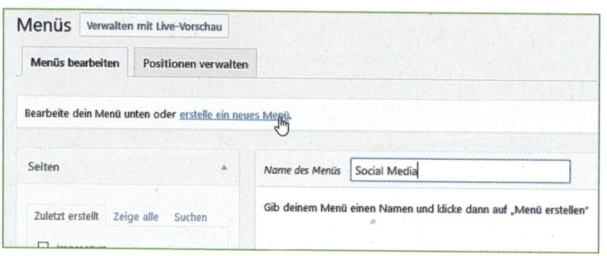

**2** Wenn Sie ein neues Menü speziell für Social Media anlegen möchten, klicken Sie auf *erstelle ein neues Menü*. Geben Sie dem neuen Menü einen treffenden Namen und setzen Sie das Häkchen bei *Social Media Menü*.

**3** Zwar können auch Seiten und Beiträge im Social Media Menü verlinkt werden, im Sinne des Erfinders ist das aber nicht. Um Ihren Facebook-Link zu platzieren, kopieren Sie ihn kurzerhand in das Feld *URL* unter Individuelle Links. Als Link-Text genügt *Facebook*.

**4** Klicken Sie nun auf *Zum Menü hinzufügen* und abschließend auf *Menü speichern*.

**5** Wenn Sie möchten, können Sie unter dem Reiter *Positionen verwalten* die beiden Menüs vertauschen. So setzen Sie etwa das Hauptmenü mit Impressum, Über mich-Seite etc. an die Stelle des Social Media Menüs und umgekehrt. In der Praxis ist es aber sinnvoll, das Hauptmenü auch ganz oben aufzuführen,

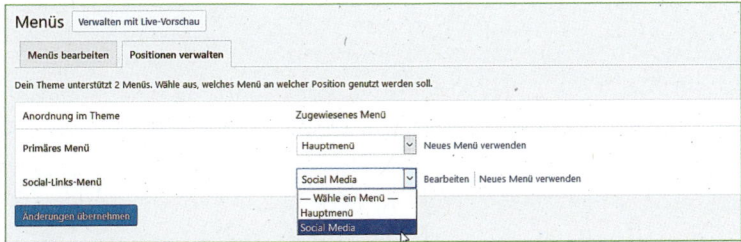

während die Links zu Facebook und Co. am unteren Rand des Bild-schirms (oder eben dort, wo Ihr Theme das Social Media Menü plat-ziert) zu sehen sind.

### → Keine Inhalte – keine Darstellung

Wichtig: Wenn ein Menü nicht mit Links zu Seiten, Beiträgen oder externen Quellen versehen ist, ist es auch nicht sichtbar. Fügen Sie dem entsprechenden Menü Elemente hinzu, er-scheint es auch im Front-End.

### Weitere Möglichkeiten

Sie sehen: WordPress in seiner frisch installierten Variante kann be-reits eine ganze Menge.

Das Content-Management-System kann aber noch stark erweitert werden. Plug-ins, Themes oder sogar ein eigener HTML- oder CSS-Code: Die Möglichkeiten mit WordPress sind noch lange nicht aus-geschöpft. Darüber hinaus überarbeiten die Entwickler das Pro-gramm kontinuierlich.

Ihnen und Ihrer Webseite kann das nur nützlich sein. Lesen Sie im folgenden Kapitel alles darüber, wie Sie WordPress individuell an-passen können, um Ihre Webseite genau Ihren und den Bedürfnis-sen Ihrer Leser entsprechend zu gestalten.

# Individuelle Gestaltung und Erweiterung

Jetzt wird es richtig interessant: Es geht um die individuelle Gestaltung Ihrer Webseite. Mit kreativen Design-Themes, Widgets und praktischen Erweiterungen namens Plug-ins optimieren Sie Ihren Webauftritt bis ins Detail.

# Widgets:
# Die Seitenleiste anpassen

**Wenn Sie einen Blick** auf Ihre WordPress-Seite werfen, wird Ihnen auffallen, dass am rechten Rand neben Ihren Beiträgen und Seiten zusätzliche Elemente erscheinen. Hier gibt es – zusätzlich zum Menü – weitere Links, zum Beispiel zu den letzten Blogbeiträgen oder Kategorien. Unten in der Randspalte finden Sie beispielsweise auch den Bereich *Meta*, in dem Sie sich von Ihrer Webseite an- oder abmelden können.

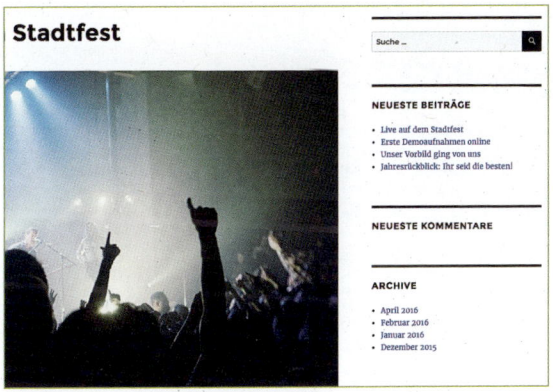

Rechts auf Ihrer Webseite finden Sie eine Seitenleiste, über die Sie zum Beispiel direkt zu den Kategorien oder den neuesten Beiträgen navigieren können.

Diesen Bereich nennt man Seitenleiste, gelegentlich auch Kontextspalte. Hier lassen sich beispielsweise Randnotizen oder Links anzeigen, die bei der Navigation durch die Webseite helfen oder dem Leser ohne weitere Mausklicks interessante Informationen bieten. Wie alles in WordPress können und sollten Sie auch diesen Bereich Ihren Wünschen entsprechend anpassen. Denn eine Webseite soll nur das zeigen, was Sie auch wirklich vermitteln möchten. Löschen Sie also überflüssige Informationen.

Die einzelnen Elemente oder Module, die Sie in der Seitenleiste sehen, heißen Widgets. Es handelt sich um kleine Fenster, die sich auf einer Benutzeroberfläche anzeigen lassen.

### Anzahl und Anordnung der Widgets ändern

Die Anzahl und die Anordnung der Module in der Seitenleiste können Sie Ihren Wünschen entsprechend verändern. Gehen Sie wie folgt vor:

**1** Rufen Sie das Back-End Ihrer WordPress-Seite auf und wählen Sie im Menü den Punkt *Design* und dort *Widgets.*

**2** Hier finden Sie nun die Schaltzentrale, um die Seitenleiste anzupassen. Folgende Abschnitte werden in der Schaltzentrale angezeigt: *Verfügbare Widgets*, *Inaktive Widgets*, *Seitenleiste*, *Unterhalb des Inhalts 1* und *Unterhalb des Inhalts 2*.

**3** Alle Widgets, die auf Ihrer Webseite rechts am Rand zu sehen sind, werden hier im Back-End unter *Seitenleiste* aufgelistet, und zwar in genau der Reihenfolge, in der sie auf der Webseite erscheinen.

**4** Sie können weitere Widgets zur Seitenleiste hinzufügen, indem Sie sie aus dem Menü *Verfügbare Widgets* mit gedrückter Maustaste an die gewünschte Stelle in der Seitenleiste ziehen.

**5** Wenn Sie eines der Felder im Menü *Seitenleiste* anklicken und mit gedrückter Maustaste wegziehen, können Sie das jeweilige Widget an eine andere Position verschieben und dort loslassen, wo Sie es positionieren möchten.

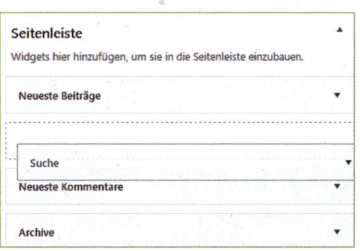

## Widgets entfernen

Wollen Sie ein bestimmtes Widget aus der Seitenleiste entfernen, gehen Sie folgendermaßen vor:

**1** Klicken Sie im *Seitenleiste*-Bereich auf das gewünschte Feld. Daraufhin klappt unten ein Menü auf.

**2** Klicken Sie dort auf *Löschen*, um das Widget zu entfernen.

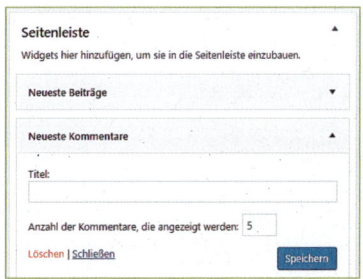

## Widgets anpassen

Sie können jedes Widget nach Belieben anpassen.

**1** Möchten Sie beispielsweise, dass in der Seitenleiste unter *Neueste Beiträge* nicht die letzten fünf, sondern nur die drei letzten Blogbeiträge aufgeführt werden, klicken Sie im Widget-Back-End auf das Feld *Neueste Beiträge*, sodass das Menü zum Widget aufklappt.

**2** Fügen Sie unter *Anzahl der Beiträge, die angezeigt werden* die gewünschte Zahl ein.

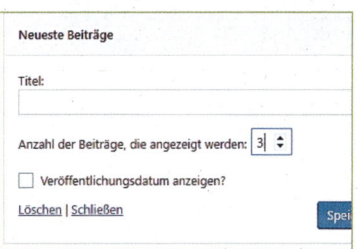

**3** Je nach Widget haben Sie weitere Änderungsmöglichkeiten. Zum Beispiel können Sie den Standardtitel ändern. Jedes Widget hat aber auch einzigartige Einstellungen: Bei den neuesten Bei-

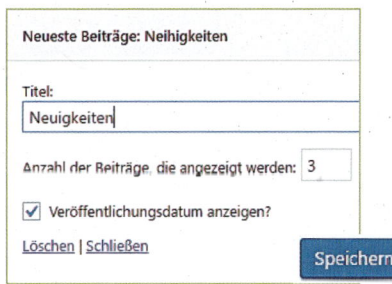

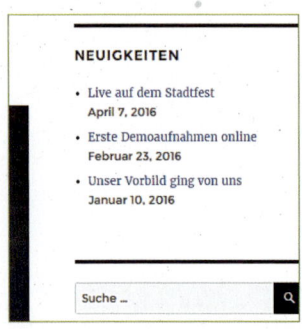

trägen können Sie zum Beispiel das *Veröffentlichungs-datum anzeigen*.

**4**  Klicken Sie nach der Bearbeitung eines Widgets auf *Speichern*. Wenn Sie nun Ihre Webseite neu laden, werden Sie die Änderungen sofort sehen.

### Widgets unterhalb der Beiträge

Im Standard-Theme können Sie Widgets nicht nur in der Seitenleiste, sondern auch unterhalb von Beiträgen oder ganz unten auf den Seiten platzieren. So können Sie Besuchern Ihrer Webseite, die Beiträge bis zum Ende gelesen haben, bestimmte Informationen mit auf den Weg geben. Platzieren Sie hier also einen Hinweis auf die letzten Blogbeiträge oder einen Kalender. Beachten Sie aber, dass dieser Widget-Bereich in der Übersicht Ihrer Blogbeiträge (das ist bei WordPress die Standardstartseite) nicht zu finden ist, sondern nur im unteren Bereich aller statischen Seiten und unterhalb der einzelnen Beiträge angezeigt wird.

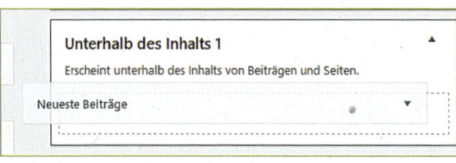

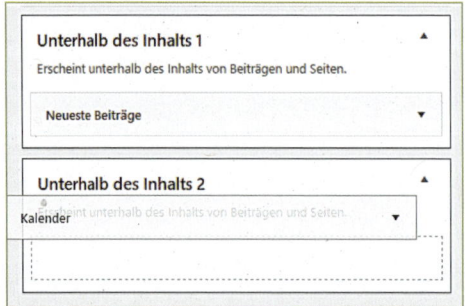

**1**  Ziehen Sie im *Widget*-Menü die gewünschten Module auf das Feld *Unterhalb des Inhalts 1*.

**2**  Laden Sie die Webseite neu. Jetzt sehen Sie das neue Widget unten auf den Seiten und unterhalb Ihrer Beiträge.

**3**  Selbstverständlich können Sie hier auch mehrere Widgets untereinander hinzufügen. Alternativ entscheiden Sie sich für eine Darstellung aller Widgets in zwei Spalten. Dazu ziehen Sie im Back-End Widgets für die erste Spalte in den Bereich *Unterhalb des Inhalts 1* und die Widgets für die zweite Spalte in den Bereich *Unterhalb des Inhalts 2*. Wenn Sie nur in einem der beiden Bereiche Widgets anlegen, bleibt der Bereich unten einspaltig.

| NEUESTE BEITRÄGE | November 2016 |
| --- | --- |

| NEUESTE BEITRÄGE |
| --- |
| • Live auf dem Stadtfest |
| • Erste Demoaufnahmen online |
| • Unser Vorbild ging von uns |
| • Jahresrückblick: Ihr seid die besten! |

**November 2016**

| M | D | M | D | F | S | S |
| --- | --- | --- | --- | --- | --- | --- |
|  |  | 1 | 2 | 3 | 4 | 5 | 6 |
| 7 | 8 | 9 | 10 | 11 | 12 | 13 |
| 14 | 15 | 16 | 17 | 18 | 19 | 20 |
| 21 | 22 | 23 | 24 | 25 | 26 | 27 |
| 28 | 29 | 30 |  |  |  |  |

« Apr

## → Themes und Widgets

Bedenken Sie, dass die Seitenleiste und die Widgets nicht immer gleich aussehen: Sollten Sie Ihre Webseite mit einem neuen Design versehen (dazu später mehr), kann es vorkommen, dass die Widgets nicht wie gewohnt am rechten Rand, sondern andernorts zu finden sind. Manche Themes verlagern die Seitenleiste zum Beispiel in einen aufklappbaren Menübereich. Andere Themes verfügen über ganz andere Widget-Bereiche, dafür fallen altbekannte Bereiche weg. Probieren Sie es aus und behalten Sie die Änderungen im Blick.

### Widgets im Vergleich

Die meisten Mini-Programme und deren Einstellungen erklären sich fast von selbst. Bei einigen aber muss man ein wenig ausprobieren, um ihren Nutzen zu erkennen, und zu sehen, wie sie im Front-End dargestellt werden. Beispiele für derartige Widgets sind:

▶ **Individuelles Menü:** Auch in der Seitenleiste oder unterhalb der Texte können Sie ein Menü anlegen. Diese Stellen sind für das Hauptmenü eher untypisch und sollten deswegen für Zusatzmenüs verwendet werden. Beispielsweise können Sie hier eine Liste an Links aufführen, die zu den Webseiten und Blogs

von Freunden und Verwandten führen. Oder Sie platzieren hier eine statische Liste mit Ihren beliebtesten Blogbeiträgen. Damit Sie das Widget *Individuelles Menü* benutzen können, müssen Sie es zunächst unter *Design > Menüs* erstellen und abspeichern. Achten Sie darauf, dass Sie dieses Menü nicht per gesetztem Häkchen zu einem primären Menü machen. Ziehen Sie nun unter *Design > Widgets* das Feld *Individuelles Menü* an den gewünschten Platz auf Ihrer Seite und suchen Sie sich unter *Wähle ein Menü* das entsprechende Menü heraus.

▶ **Meta:** Dies ist eine Sammlung von festen Links. Hier können Sie sich zum Beispiel im Back-End an- und abmelden oder die RSS-Links für Ihre Beiträge oder Kommentare abrufen.

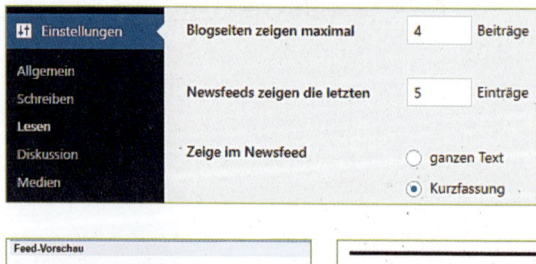

▶ **RSS:** Sie können auch den RSS-Feed einer anderen Webseite in der Seitenleiste anzeigen lassen. Das ist zum Beispiel dann interessant, wenn Sie einen Zweitblog haben, den Sie auf Ihrer Webseite vorstellen möchten. Alles, was Sie dafür benötigen, ist die Feed-Adresse der jeweiligen Webseite. Es empfiehlt sich aber, die Option *Beitrags-Inhalt anzeigen* ausgeschaltet zu lassen, da die jeweiligen Beiträge oder Kurzfassungen zu viel Platz auf Ihrer Webseite einnehmen und die Seite schnell überfrachtet wirkt.

**Der RSS-Feed:** Ein RSS-Feed ist eine Art Newsticker, den nahezu jede Webseite automatisch anbietet. In speziellen Programmen oder Mobile-Apps können Ihre Leser mithilfe Ihres RSS-Feeds mitverfolgen, welche neuen Beiträge es gibt, ohne dabei aber Ihre Webseite besuchen zu müssen. Die RSS-Funktionen Ihrer Webseite können Sie im Back-End unter *Einstellungen > Lesen* anpassen. Hier können Sie festlegen, welche Anzahl an Beiträgen Ihr Newsfeed anzeigt und ob es sich um Kurzfassungen oder um die vollständigen Beiträge handeln soll. Möchten Sie beispielsweise viele Besucher zu Ihrer Webseite locken (damit diese nicht nur die neuesten Beiträge lesen, sondern viele weitere Leistungen Ihres Webauftritts kennenlernen können), ist die Kurzfassung sinnvoll: Der Leser des Feeds erhält nur eine kleine Vorschau und muss Ihre Webseite besuchen, um den vollständigen Artikel lesen zu können.

► **Schlagwörter-Wolke:** Wenn Sie viel bloggen, nutzen Sie mit der Zeit immer mehr Schlagwörter. Eine Sammlung aller verfügbarer Schlagwörter können Sie mit dem Widget *Schlagwörter-Wolke* anzeigen lassen.

► **Text:** Sie können auch einen beliebigen Text als Widget in die Seitenleiste setzen. Formulieren Sie beispielsweise eine Kurzvorstellung , die auf sämtlichen Unterseiten zu sehen ist. Oder Sie verfassen eine Liste aller Leistungen, die Sie als Unternehmer oder Unternehmerin anbieten.

**WER WIR SIND**

"Hauptsache et rockt" hat sich 2015 gegründet und macht die Stadt unsicher. Wir sind eine fünfköpfige Coverband für Rockklassiker von AC/DC bis ZZ-Top. Lust, uns mal live zu erleben? Dann schaut in unseren Blog: Hier berichten wir regelmäßig über bevorstehende Auftritte.

**NEUIGKEITEN**

• Live auf dem Stadtfest
April 7, 2016

## → HTML im Text-Widget

Wer ein wenig Ahnung von der Websprache HTML hat, der kann das Text-Widget übrigens auch nutzen, um mehr als simple Texte darzustellen. Denn das Textfeld in diesem Widget nimmt auch HTML-Befehle entgegen. Schreiben Sie beispielsweise

```
<a href="https://test.de">Die Website der Stiftung Warentest</a>
```

in das Textfeld. Speichern Sie die Änderung ab, und laden Sie Ihre Webseite neu. Was Sie nun anstelle des Text-Widgets sehen, ist nicht dieser Rattenschwanz an Symbolen und Worten, sondern lediglich „Die Website der Stiftung Warentest", unterlegt mit dem entsprechenden Link.

Genauso können auch Bilder eingefügt werden, wenn sie online verfügbar sind. Laden Sie das gewünschte Bild also unter *Medien > Medienübersicht* hoch, klicken Sie das Bild an, und kopieren Sie den Speicherort des Bildes aus den Anhang-Details unter *URL*. Fügen Sie anschließend folgenden Code (ohne Anführungszeichen) in das Text-Widget ein:

```
<img src="XXXXX">
```

Anstelle der XXXXX setzen Sie jedoch die kopierte Adresse des Bildes ein. Speichern Sie das Widget ab und laden Sie die Webseite neu. Nun wird das Bild im Text-Widget angezeigt.

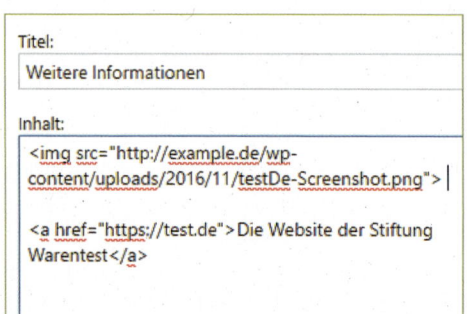

## Inaktive Widgets

Wenn Sie das Design-Theme auf Ihrer Webseite ändern, kann es geschehen, dass Widgets deaktiviert werden. Das bedeutet nicht, dass das Widget gelöscht wurde: Löschen Sie selbst ein Widget aus der Seitenleiste oder aus einem anderen Webseite-Bereich, dann ist dieses tatsächlich gelöscht und muss komplett neu angepasst werden, wenn Sie es doch wieder verwenden wollen.

Inaktive Widgets befinden sich hingegen mit entsprechender Bezeichnung (*Inaktive Widgets*) in einem speziellen Bereich im Widgets-Back-End. Hier können Widgets liegen, die sie im Vorfeld mühselig angepasst haben, bevor diese bei einem etwaigen Theme-Wechsel von der Webseite verschwunden sind. Diese Widgets können Sie ganz einfach wieder aus dem Widgets-Back-End in die Seitenleiste oder in den gewünschten Bereich ziehen. Sie können Widgets auch selbst deaktivieren: Möchten Sie ein Widget von Ihrer Webseite entfernen, ohne es samt aller Einstellungen zu löschen, da Sie es zu einem späteren Zeitpunkt vielleicht wieder verwenden möchten? Dann ziehen Sie das gewünschte Widget aus dem jeweiligen Bereich herunter zu *Inaktive Widgets*.

**Inaktive Widgets**

Willst du Widgets entfernen, aber ihre Einstellungen behalten, ziehe sie hierher.

Text: Wer wir sind ▼

**Inaktive Widgets**

Willst du Wi... gets entfernen, aber ihre Einstellungen behalten, ziehe sie hierher.

RSS: Die neuesten Rezensionen auf photobildband.de ▼

Inaktive Widgets löschen

Damit werden alle Elemente von deiner Liste inaktiver Widgets gelöscht. Du wirst keine Anpassungen wiederherstellen können.

# Das passende Theme finden und aktivieren

**Themes werden in WordPress** die Vorlagen genannt, mit denen sich eine Webseite gestalten lässt. Während WordPress selbst die Struktur der Seiten sowie alle Beiträge und Medien verwaltet, kümmern sich die Themes um deren Aussehen. Die WordPress-Themes sind dabei äußerst vielfältig.

Die Vorlagen werden meist von Drittanbietern gestaltet und entwickelt. Daher trifft man hier auch auf Komponenten, die Geld kosten. Es gibt zwar unzählige kostenlose Themes, gelegentlich sind diese jedoch nur die Freemium-Versionen der kostenpflichtigen Themes. Freemium bedeutet, dass die Basisfunktionen des Themes gratis sind, während die Vollversion mit allen Optionen und weiteren Einstellungsmöglichkeiten Geld kostet.

Für viele Zwecke reichen die kostenlosen Vorlagen völlig aus. Wer sein Webprojekt jedoch zum Beispiel aus kommerziellen Gründen professionell umsetzen möchte, der kommt an den kostenpflichtigen Versionen, den sogenannten Premium-Themes, meist nicht vorbei. Vor allem sollten Sie bedenken, dass kostenpflichtige Themes im Web seltener und somit individueller sind. Fürs erste Ausprobieren ist es aber ratsam, zunächst kostenlose Gestaltungsvorlagen zu verwenden.

### Nach verfügbaren Themes suchen

Die wichtigste Quelle für Themes ist die Plattform der WordPress-Macher. Unter de.WordPress.org/themes finden Sie eine Vielzahl der beliebten Gestaltungsvorlagen. Auf den ersten Blick sehen Sie hier nur 15 Themes, die als Featured oder Vorgestellt betitelt werden. Klicken Sie aber über der Galerie auf *Populär* oder *Neueste*, haben Sie die Wahl zwischen mehreren Tausend Themes. Stöbern Sie dort doch einfach mal nach schönen Designs.

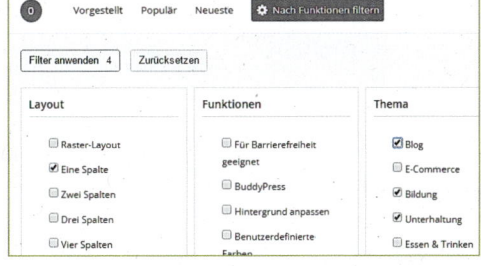

Über das Suchfeld können Sie zudem den Namen eines Ihnen bereits bekannten Themes oder passende Schlagwörter eingeben. Auf diesem Wege gelangen Sie zum Beispiel zu denjenigen Themes, die später in diesem Kapitel noch vorgestellt werden.

Ergebnisse können Sie übrigens filtern, indem Sie auf *Nach Funktionen filtern* klicken. So können Sie nach ein- oder mehrspaltigen Bloglayouts, barrierefreien Themes oder themenspezifischen Designvorlagen (Literatur, Fotografie, Business) suchen. Klicken Sie anschließend auf *Filter anwenden*, um die gewünschte Auswahl angezeigt zu bekommen.

**Info**

**Premium-Themes kaufen:** Unter WordPress.org finden Sie nur kostenlose Themes beziehungsweise Freemium-Versionen. Kostenpflichtige Themes erhalten Sie bei anderen Anbietern wie zum Beispiel auf theme forest.net oder woocommerce.com. Weitere Bezugsadressen finden Sie auf der Theme-Seite von de.WordPress. org, wenn Sie oberhalb der Galerie auf *Kommerzielle Themes* klicken. Bei manchen Anbietern ist nur der Download eines Premium-Themes mit Kosten verbunden. Andere werben hingegen für Mitgliedschaften oder Abos und halten dann je nach Angebot einen ein- oder mehrjährigen Support in Form von Updates sowie Hilfestellung bereit.

### Die Theme-Verwaltung Ihrer Webseite

Themes werden auf einer WordPress-Seite natürlich im Back-End verwaltet. Die Schaltzentrale finden Sie unter *Design > Themes* (ein Klick auf *Design* reicht aber auch, um in die Schaltzentrale zu gelangen).

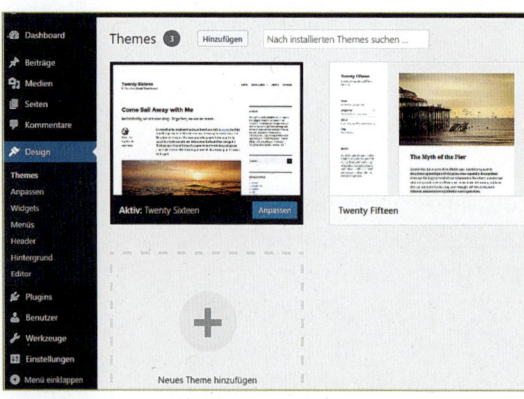

Hier ist eine Auswahl an Themes zu sehen, die mit der Installation zugänglich gemacht werden. Denn ganz ohne Theme kann WordPress keine Webseite anzeigen. Standardmäßig aktiviert ist die aktuellste und nach dem laufenden Jahr benannte Version der WordPress Twenty-Theme-Serie. In den Beispielen der vorangegangenen Kapitel wurde das Theme Twenty Sixteen verwendet. Wahrscheinlich bekommen Sie die Themes Twenty Seventeen oder Twenty Eighteen als Standard-Theme zugeordnet, je nachdem, wann Sie WordPress installieren und ausprobieren. Warum die WordPress-Macher jährlich neue Standard-Themes entwickeln? Die Anforderungen an die Leistungen von Webseiten ändern sich ständig, weshalb auch Themes sich weiterentwickeln müssen, um den aktuellen Trends zu entsprechen, beispielsweise im Rahmen der mobilen Nutzung.

Sie möchten eines der anderen gezeigten Twenty-Themes ausprobieren? Dann fahren Sie mit dem Mauszeiger über das angezeigte Bild und wählen Sie zwischen folgenden Möglichkeiten:

▶ **Theme-Details:** Klicken Sie mittig auf das Bild, erscheint ein Fenster, in dem Sie einige Informationen zu dem Theme nachlesen und das Bild vergrößert sehen können. Unten rechts finden Sie auch einen Button *Löschen*, wenn Sie ein Theme nicht deaktivieren, sondern es komplett von WordPress entfernen möchten.

▶ **Live-Vorschau:** Hier erhalten Sie die Möglichkeit, das Theme genauer unter die Lupe zu nehmen, ohne es gleich aktivieren zu müssen. Das hat den Vorteil, dass Sie Ihre Webinhalte (also Fotos, Texte und Seiten) mit dem neuen Design ansehen können, während sie für die Besucher Ihrer Webseite weiterhin unverändert dargestellt werden. Die Live-Vorschau erweist sich vor allem dann als praktisch, wenn Sie komplexe Themes testen möchten, die sich deutlich von Ihrem aktuellen Theme unterscheiden und die Inhalte auf Ihrer Webseite erst einmal durcheinanderbringen. In der Live-Vorschau wird Ihre Webseite übrigens über die *Anpassen*-Ansicht dargestellt („Theme in der Live-Vorschau testen und aktivieren", S. 106). Wieder beenden können Sie die Live-Vorschau, indem Sie oben links auf das *x* klicken.

▶ **Aktivieren:** Klicken Sie auf *Aktivieren*. Laden Sie anschließend Ihre Webseite neu, um das Ergebnis angezeigt zu bekommen. Deaktivieren können Sie die neue Vorlage nur, indem Sie sie unter *Design > Themes* durch eine andere ersetzen. Übrigens: Das jeweils aktivierte Theme erscheint immer an vorderster Stelle der Theme-Verwaltung.

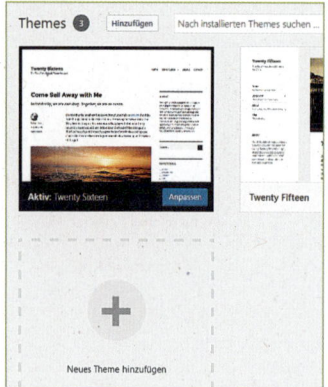

## Neue Themes installieren

Ihnen reichen die vorinstallierten Themes nicht? Sie haben unter de.WordPress.org ein paar gefunden, die sie gerne ausprobieren möchten? Kein Problem! Zunächst einmal sollten Sie das gewünschte Theme über das Back-End Ihrer Webseite finden und installieren.

**1** Besuchen Sie *Design > Themes* und klicken Sie entweder oben auf die Schaltfläche *Hinzufügen* oder unten in der Galerie auf die große Schaltfläche *Neues Theme hinzufügen*. Beide Wege führen zum Ziel.

**2** Nun gelangen Sie zu der Galerie mit den verfügbaren Themes. Diese Seite ist identisch mit de.WordPress.org/themes. Der Unterschied ist, dass die Theme-Galerie nun unterhalb Ihrer eigenen Domain angezeigt wird und Sie Themes einfacher installieren können.

**3** Suchen Sie über das Eingabefeld oben links das gewünschte Theme, indem Sie seinen Namen eintippen. Haben Sie das Theme gefunden, sollten Sie es sich zunächst in einer Vorschau ansehen, bevor Sie es installieren.

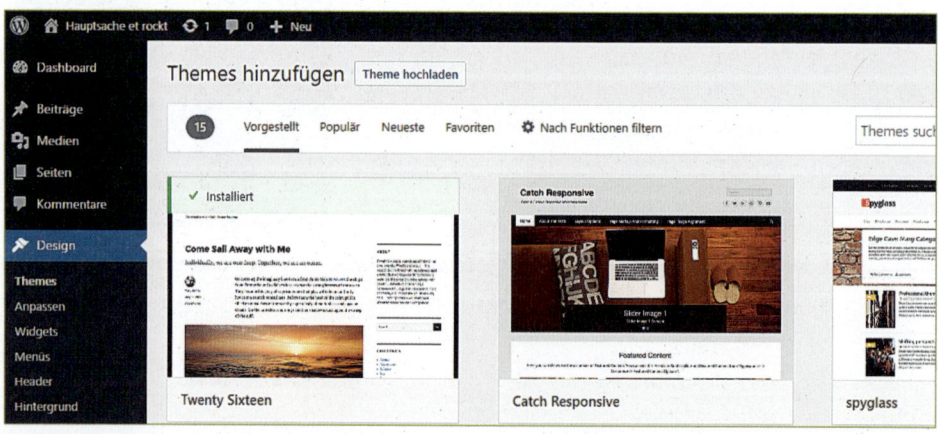

### Themes testen

Es gibt mehrere Möglichkeiten, ein Wunsch-Theme genauer zu testen. Probieren Sie ruhig alle aus, um sich ein umfangreiches Bild vom Design machen zu können.

▶ **Die WordPress-Vorschau:** Klicken Sie im Back-End auf das gefundene Theme-Bild, erscheint die Vorschau der Designvorlage. Beenden können Sie diese, wenn Sie oben links das *x* anklicken.

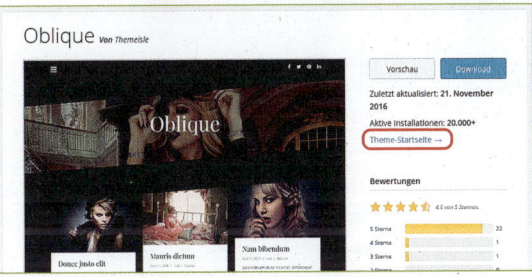

▶ **Professionelle Demo:** Die oben genannte Vorschau zeigt das jeweilige Theme anhand einer voreingestellten Beispiel-Webseite. Anhand dieser lässt sich aber nicht viel erkennen. Wenn Sie einen genauen Eindruck davon erhalten wollen, wie das Theme perfekt gestaltet und gepflegt aussieht, helfen die Demo-Webseiten der Entwickler weiter. Suchen Sie unter de.WordPress.org/themes das gewünschte Theme und klicken Sie es an, um *Weitere Informationen* zu erhalten. Rechts vom gezeigten Bild finden Sie die Schaltfläche *Theme Startseite*. Mit einem

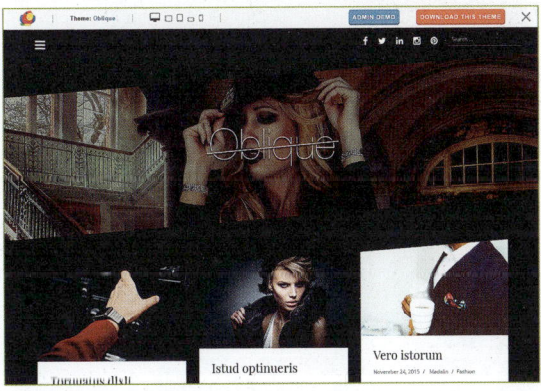

Klick auf diesen Button gelangen Sie zu der Webseite des Entwicklers, wo das Theme noch mal genauer vorgestellt wird (meist auf Englisch). Suchen Sie hier nach einem Link namens *Demo*, *Live Demo* oder dergleichen und klicken Sie diesen an, um sich die Demo-Version ansehen zu können.

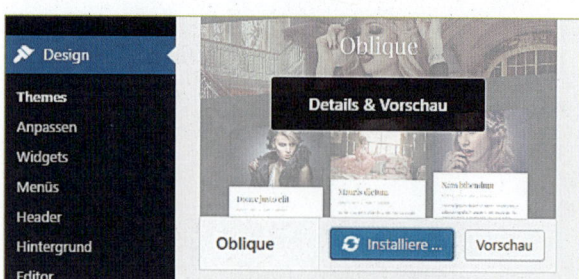

▶ **Eigene Live-Vorschau:** Die dritte Möglichkeit für einen Praxistest ist ein Testlauf auf Ihrer eigenen Seite. Hierfür muss das Theme aber erst auf der Webseite installiert werden. Wie das geht, erfahren Sie im Folgenden.

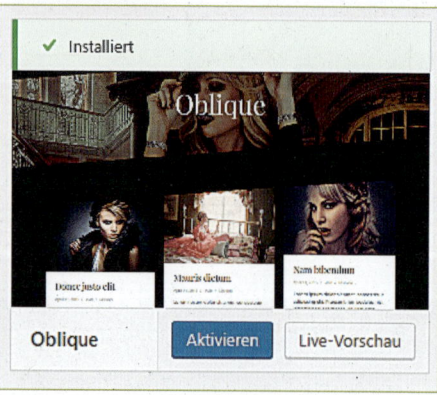

**Theme in der Live-Vorschau testen und aktivieren**

Wenn Sie im Back-End das gewünschte Theme vor sich haben, müssen Sie dieses nun auf Ihrer Webseite abspeichern.

**1** Klicken Sie dafür auf *Installieren*. Daraufhin erscheint ein kreisendes Symbol, das verdeutlicht, dass die Installation im Gange ist.

**2** Warten Sie so lange, bis die Installation abgeschlossen ist. Sobald dies geschehen ist, verschwindet unten der Installations-Button. Stattdessen erscheint die Schaltfläche *Aktivieren*.

**3** Bevor Sie das Theme aktivieren, empfiehlt es sich, die bereits vorgestellte *Live-Vorschau* zu wählen. Anhand dieser Vorschau können Sie sehen, wie die Inhalte Ihrer Webseite unter Verwendung des Themes dargestellt werden.

**4** Beenden können Sie die Live-Vorschau mit dem *x* oben links.

Für die Band-Webseite wurde das Theme Oblique von den Entwicklern Themeisle gewählt. Eine Eigenart des Designs ist neben dem schrägen Layout auch die Tatsache, dass das Menü sowie die Seitenleiste – die ursprünglich rechts zu finden war – hier verborgen sind. Erst ein Klick auf das kleine Icon oben links blendet das Menü ein. In der Standardansicht wird der Hauptinhalt dadurch stärker betont.

**5** Gefällt Ihnen das Theme und Sie möchten es für Ihre Webseite nutzen? Dann klicken Sie unterhalb der Vorlage auf *Aktivieren*.

**6** Wenn Sie nun Ihre Webseite neu laden, ist das neue Theme zu sehen und Ihre Inhalte sind entsprechend des Designs angeordnet.

# Webseite & Theme anpassen

**Da jedes Theme eigene Einstellungen** und Darstellungsoptionen mit sich bringt, sollte es angemessen bearbeitet werden, nachdem es aktiviert wurde. Dies geschieht im Bereich *Anpassen*, der mit der Vorschau vor der Aktivierung vergleichbar ist, Ihnen jedoch die Möglichkeit bietet, das Design Ihrer Webseite Ihren Wünschen entsprechend zu verändern.

In den *Anpassen*-Bereich gelangen Sie folgendermaßen:

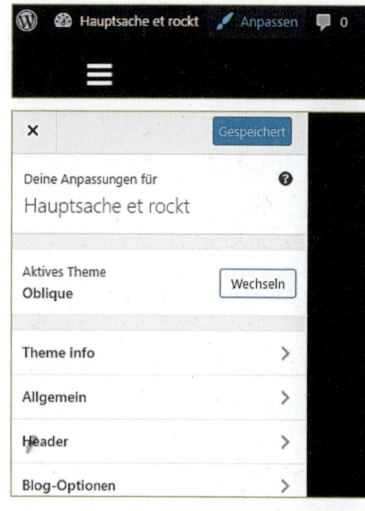

**1** Klicken Sie in der Theme-Verwaltung beim aktivierten Theme auf die Schaltfläche *Anpassen*.

**2** Wählen Sie im Menü *Design > Anpassen*.

**3** Befinden Sie sich im Front-End Ihrer Webseite, sind dabei aber in Ihrem Back-End eingeloggt, können Sie in der Werkzeugleiste oben auf *Anpassen* klicken.

**4** Möchten Sie beispielsweise über das Design-Untermenü den Header oder den Hintergrund anpassen, gelangen Sie ebenfalls in den *Anpassen*-Bereich.

**5** Gegebenenfalls befindet sich auch im Dashboard eine Schaltfläche mit dem Titel *Webseite anpassen*.

### Den Anpassen-Bereich kennenlernen

Unten links im *Anpassen*-Bereich finden Sie eine Schaltfläche, mit deren Hilfe Sie das Menü links einklappen oder wieder sichtbar machen können. Über drei weitere Schaltflächen, die sich ebenfalls unten befinden, können Sie sehen, wie Ihre Webseite mit dem aktuel-

len Design auf einem Computermonitor (Standard), auf einem Tablet oder einem Smartphone aussieht.

Was genau im Menü zu sehen ist, unterscheidet sich von Theme zu Theme, da der *Anpassen*-Bereich immer mit dem jeweiligen Theme verknüpft ist und nicht standardisiert durch die ursprüngliche WordPress-Software definiert wird. Welche Einstellungen Sie in diesem Bereich an Ihrer Webseite vornehmen können, liegt also in den Händen der Theme-Entwickler.

Die wenigsten kostenlosen Vorlagen bieten eine große Menge an Untermenüs. Bei den kostenlosen Varianten ist entweder nur ein übersichtliches Menü zu sehen oder aber ein Teil ist mit einem *Schloss*-Symbol versehen und wird erst nach Erwerb der Premium-

Version freigeschaltet. Bei manchen kostenlosen Themes kann man zum Beispiel Farben oder Schriften nicht verändern. Des Weiteren sind spezielle Eigenschaften des jeweiligen Themes wie zum Beispiel kreative Fotogalerie-Ansichten oder zusätzliche Widgets oftmals nur im Rahmen der Premium-Variante nutzbar.

Das Praktische ist, dass Sie jede einzelne Einstellung in der *Anpassen*-Ansicht einfach nach Lust und Laue ändern können, um dann zu sehen, wie sich die Überarbeitungen auswirken. Möchten Sie eine Änderung tatsächlich vornehmen, müssen Sie lediglich oben links im *Anpassen*-Bereich auf *Speichern & Publizieren* klicken. Übrigens: Nicht bei jedem Theme ist das Anpassen-Menü auf Deutsch verfügbar.

## Den Header bearbeiten

Der Header ist der Kopfbereich einer Internetseite (Englisch: head). Jede Webseite hat einen Header, nur ist in diesem Bereich nicht zwangsweise ein Bild zu sehen. Manche Webseiten haben sehr große Kopfbilder, die das komplette Browserfenster füllen, sodass man erst nach unten scrollen muss, um den vollständigen Inhalt der Seite zu erfassen (zum Beispiel die Webseite der Autoren: textquartier.net). Andere Webseiten arbeiten mit Themes, die Beitragsbilder sehr prominent oder als Slider darstellen – also als eine Art automatischer Diashow von Bildern.

Bei Ihnen reicht ein simpler Header mit reinem Text und höchstens einem kleinen Logo (siehe etwa photobildband.de). Wichtig ist, dass der Header zum Layout passt und sich optimal in die Webseite einfügt. Bei dem für die Band-Webseite gewählten Theme Oblique ist es ratsam, der Webseite ein auffälliges Header-Bild zuzuordnen.

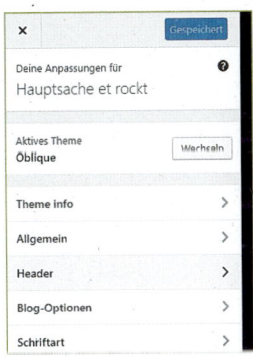
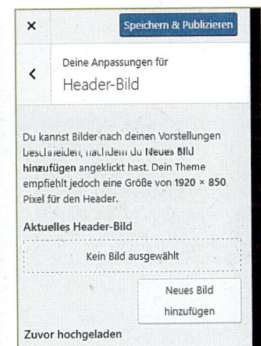

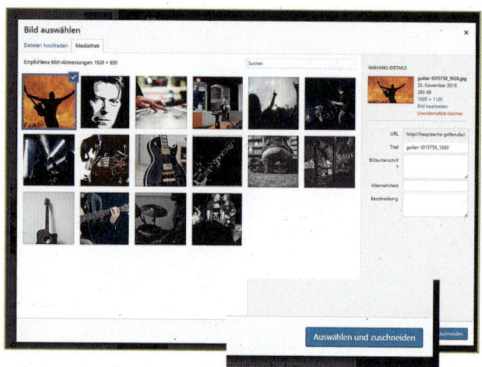

## Ein Header-Bild im Theme Oblique einfügen

Die Vorgehensweise unterscheidet sich von Theme zu Theme, wenn auch nur leicht. Hier erfahren Sie, wie Sie einen Header für die Designvorlage Oblique auswählen und einstellen:

**1** Rufen Sie den *Anpassen*-Bereich Ihrer Webseite auf.

**2** Wählen Sie im Menü *Header-Bild* und klicken Sie dort auf *Neues Bild hinzufügen*.

**3** Klicken Sie nun im Fenster *Bild auswählen* auf das gewünschte Bild aus Ihrer Medienübersicht oder laden Sie ein Bild hoch, indem Sie es mit gedrückter Maustaste von Ihrem Computerdesktop in die Medienübersicht ziehen. Klicken Sie abschließend unten rechts auf *Auswählen und zuschneiden*.

**4** Es erscheint ein Fenster, in dem Sie den Bildausschnitt, der im Header zu sehen ist, festlegen müssen. Nur diesen Ausschnitt wird man später sehen – das Bild sollte also in diesem Zuschnitt gut aussehen. Je nach Design des Themes müssen Sie hier gegebenenfalls schätzen, in welchem Format das Header-Bild passen könnte. Wird schon ein Rahmen vorgegeben, sollten Sie diesen beibehalten. Klicken Sie unten auf *Zuschneiden*.

**5** Nun wird das Bild in der Anpassen-Vorschau als Header gezeigt. Prüfen Sie auch, wie der Header in unterschiedlich großen Browserfenstern dargestellt wird.

**6** Beim Theme Oblique besteht darüber hinaus die Möglichkeit, den Header-Text durch ein Logo zu ersetzen. Dies können Sie bei Bedarf im *Anpassen*-Menü unter *Header* tun.

**7** Wenn Sie mit dem Stil Ihres Headers zufrieden sind, müssen Sie oben im *Anpassen*-Menü noch auf *Speichern & Publizieren* klicken.

**8** Testen Sie noch ein letztes Mal die Wirkung, gegebenenfalls auch auf einem Smartphone. Fertig!

### Auf Adware bei Themes achten

Manche Designs verfügen über einen eigenen Menübereich, der im Back-End zu sehen ist. Im Untermenü *Design* sind nach der Aktivierung neue Menüpunkte zu finden. Einige davon sind für die Verwaltung oder den Support wichtig, andere sind nur Spam.

Beim Theme Oblique etwa hat sich ein Untermenü namens *Plugins installieren* ins Design-Menü geschlichen (nicht ins Plug-in-Menü!). Hier wird versucht, Ihnen ein unnötiges Plug-in unterzujubeln. Ein solches Plug-in ist vergleichbar mit der Adware (aus Engl.: advertising (Werbung) und Software) bei kostenlosen Programmen. Achten Sie also auf die Tücken, die manche Themes mit sich bringen.

**Info**

**Benötigte Plug-ins:** Manche Designvorlagen wurden so entwickelt, dass sie nur mithilfe spezieller Plug-ins in vollem Umfang zu nutzen sind. Erkundigen Sie sich hierzu in den Dokumentationen, die die Entwickler auf ihren Webseiten zum jeweiligen Theme anbieten.

### Designelemente: Weniger ist mehr

Es gibt noch viele weitere Einstellungen, die Sie bei der Gestaltung Ihrer Webseite und der Individualisierung des gewählten Themes bearbeiten können. Immerhin gilt es, Ihren Internetauftritt besonders attraktiv zu gestalten. Doch obwohl es eine Vielzahl an Einstellungsmöglichkeiten gibt, sollten Sie nicht von allen Gebrauch machen.

Seien Sie nicht verzweifelt, wenn Ihre Webseite nicht von vornherein perfekt aussieht. Bitten Sie auch Freunde und Verwandte um ihre Meinung. Gerade Menschen, die ein gutes Auge für Layout und Design haben, können Ihnen bei der Gestaltung helfen.

### Eigenarten der Themes

Beachten Sie auch, dass jedes Theme seine Eigenarten hat. Bei dem hier gewählten Theme namens Oblique ist das Menü beispielsweise nur auf Knopfdruck zu erreichen und die Seitenleiste befindet sich im Menübereich.

Das kann zur Folge haben, dass manche Widgets nicht mehr so attraktiv wie beim voreingestellten Standard-Theme wirken.

Andere Themes unterstützen manche Widget-Bereiche beispielsweise grundsätzlich nicht. In diesem Fall werden Widgets einfach in den indirekten Bereich verschoben. Dasselbe gilt für bestimmte Menüs oder Seiten. Beachten Sie dies also bei der Nutzung von Themes und passen Sie Ihre Webseite entsprechend an. Im Folgenden werden Ihnen einige empfehlenswerte Themes vorgestellt.

# Empfehlenswerte Themes für Ihre Webseite

**Oblique haben Sie schon** in unserem Praxisbeispiel kennengelernt. Im Folgenden werden fünf weitere Themes vorgestellt, die sich hinsichtlich des Stils und des Layouts stark unterscheiden. Möglicherweise finden Sie so bereits ein passendes Design für Ihre Webseite. Alle hier vorgestellten Themes sind kostenlos. Sie finden sie unter WordPress.org beziehungsweise über die Schaltfläche *Hinzufügen* im Back-End Ihrer Webseite (unter *Design > Themes*). Ansonsten sehen Sie sich einfach selbst um und überlegen Sie, welches Theme zu Ihrem Webauftritt passt. Jedes Design hat sowohl eine äußerliche, grafische Facette als auch individuelle Eigenarten bezüglich einzelner, aber wichtiger Details. Vielleicht gefällt Ihnen ein Theme optisch, während Ihnen die Menüführung oder der Stil der Widgets nicht zusagt. Probieren Sie aus, welche Designvorlage am besten zu Ihnen passt und Ihren Bedürfnissen entspricht.

### → Responsive Design

Alle hier vorgestellten Themes sind responsiv. Das heißt, dass das Design so optimiert wurde, dass es sich inklusive der Inhalte an die jeweilige Breite des Browserfensters anpasst. Das hat den Vorteil, dass Ihre Webseite auch auf mobilen Endgeräten sehr gut aussieht. Denn nicht wenige Nutzer gehen heute fast ausschließlich über ihr Smartphone online. Während Responsive Designs vor einigen Jahren noch ein Highlight waren, sind sie mittlerweile Standard. Dennoch sollten Sie sich immer vergewissern, ob ein gewünschtes Theme auch mobil benutzerfreundlich ist und gut aussieht. Testen Sie dies am Computer, indem Sie das Browserfenster mit gedrückter Maustaste verkleinern und wieder vergrößern – oder Ihre Webseite einfach vom Smartphone aus aufrufen.

### Activello: Modern und aufgeräumt

Das Theme Activello des Designers Silkalns fällt auf den ersten Blick durch die breiten Bilder auf, die beim Laden im Browser angezeigt werden. Ansonsten ist das Design des Themes relativ schlicht und aufgeräumt. Die im Bereich *Design > Anpassen* vorgegebenen Einstellungen sind ebenfalls übersichtlich aufgeführt. Wer keine großartigen Experimente wagen möchte, ist mit einem Theme wie Activello gut beraten.

Den Slider ein- und ausschalten können Sie unter *Design > Anpassen > Activello-Einstellungen > Slider-Option*, wenn Sie dort unter *Show Slider* ein Häkchen setzen (beziehungsweise entfernen). Nehmen Sie zur Kenntnis, dass das Theme erst dann richtig zur Geltung kommt, wenn im Slider möglichst breite und nicht zu hohe Bilder angezeigt werden. Achten Sie also darauf, dass die Beitragsbilder schön groß (und vor allem breit) sind, damit sie die volle Breite des Sliders füllen können. Idealerweise verwenden Sie nur Beitragsbilder der gleichen Größe, damit der Slider einheitlich wirkt.

Weitere Informationen zu Activello finden Sie auf der englischsprachigen Infoseite colorlib.com/wp/support/activello.

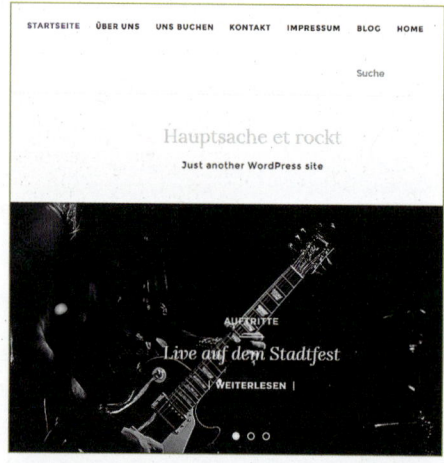 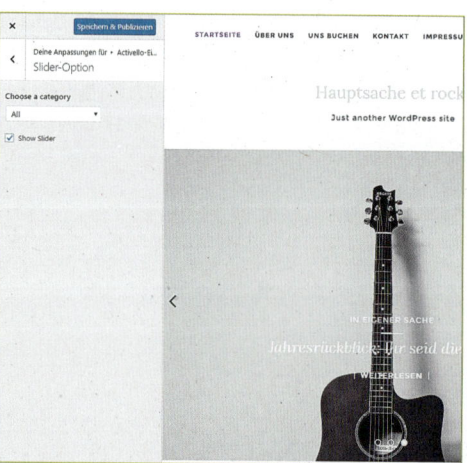

## Leeway: Im Stil einer Newsseite

Es gibt mehrere Themes, die dem Layout eines Onlinemagazins nachempfunden sind. Diese Themes wurden insbesondere für Webseiten gestaltet, auf denen viele Beiträge in regelmäßigen Abständen veröffentlicht werden. Planen Sie eine Info-Webseite zu einem speziellen Thema, dann ist Leeway des Designers ThemeZee vielleicht genau das Richtige für Sie.

Leeway bietet eine enorme Fülle an Elementen und Formaten, um die Beitrags-Überblicksseite besonders bunt und vielfältig zu gestalten – aber nur in der kostenpflichtigen Variante (ab ca. 70 Euro). In der kostenlosen Version lassen sich die Designfarben nicht ohne Code-Bastelei ändern; auch sieht die Beitrags-Übersichtsseite viel spartanischer aus. Wem das aber ausreicht, sollte Leeway ausprobieren.

Die kostenlose Version des Themes kommt ohne Headerbild aus. Dafür können Sie oberhalb der gezeigten Beiträge einen großformatigen Slider aktivieren, der für die passende Gestaltung sorgt. Gehen Sie im Back-End zu *Design > Anpassen > Theme Optionen > Beitrags-Slider* und setzen Sie ein Häkchen unter *Zeige Slider im Blog Index*. Haben Sie als Startseite eine statische Seite eingestellt, und soll dort der Slider zu sehen sein, dann wählen Sie *Zeige Slider auf Magazin Startseite*. Beachten Sie aber, dass der Slider nur dann funktioniert, wenn Sie in den

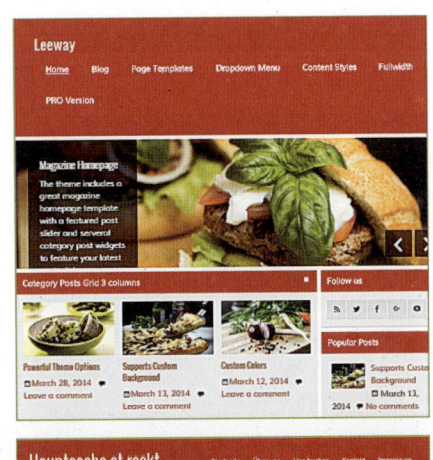

Einstellungen unter Beitrags-Slider im entsprechenden Feld ein passendes Schlagwort eingeben. Auf unserer Beispielseite werden alle Beiträge im Slider gezeigt, die mit dem Schlagwort Rock'n'Roll versehen wurden.

Eine ausführliche, jedoch englischsprachige Dokumentation zum Theme finden Sie unter themezee.com/docs/leeway-documentation.

### PhotoBook: Das perfekte Theme für Fotografen

Nicht nur Webmagazin-Macher, sondern auch Fotografen finden eine Fülle an Themes, die genau auf ihre Arbeit zugeschnitten sind.

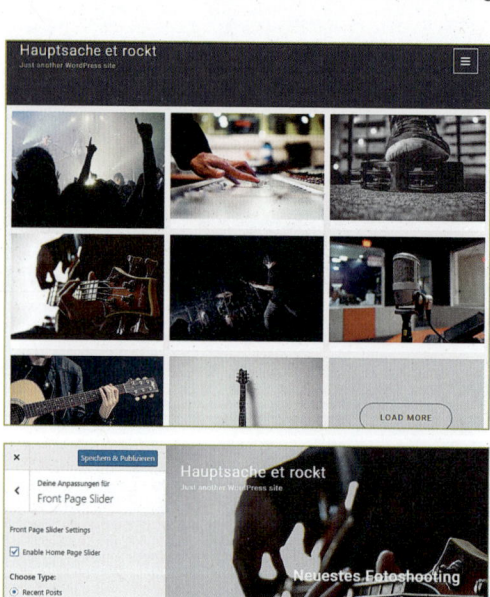

Spezielle Foto-Themes fallen insbesondere dadurch auf, dass sie sehr viel Platz für Fotos bieten, schlicht aber elegant designt sind und zudem – zumindest auf der Startseite – weitgehend auf Text verzichten. Das Theme PhotoBook von Daisy Themes trifft genau auf diese Beschreibung zu.

Die Beitragsbilder erscheinen auf der Übersichtsseite in Form von Fotokacheln. Erst wenn Sie mit der Maus über eines der Bilder fahren, wird der Titel des jeweiligen Beitrags angezeigt. Mit PhotoBook können Sie jedes Ihrer Fotos als einzelnen Blogbeitrag veröffentlichen. Details zu den Bildern sowie gegebenenfalls weitere Aufnahmen der gleichen Serie können Sie dann sehr gut in den jeweiligen Beitrag packen.

Um Ihre Webseite optisch aufzulockern, empfiehlt es sich, auch hier eine optionale Slideshow einzuschalten. Dies können Sie im Back-End unter *Design > Anpassen > Front Page Slider* tun. Hier wählen Sie auch, ob Ihre letzten Beiträge oder Beiträge, die einer bestimmten Kategorie zugeordnet sind, gezeigt werden sollen.

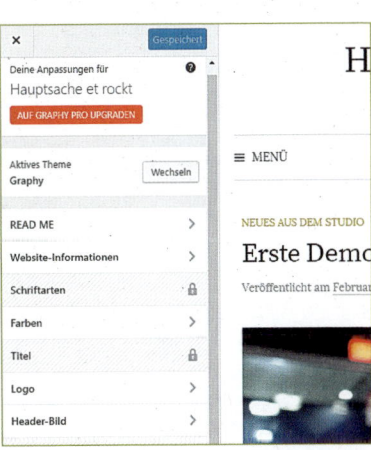

Wie schon gesagt: Die Startseite von PhotoBook bietet wenig Platz für Text. Das Menü ist nicht direkt zu sehen, sondern wird über einen Button oben rechts aufgeklappt. Die Seitenleiste ist nur bei den Unterseiten beziehungsweise bei den Beiträgen zu finden, nicht aber auf der Übersichtsseite des Blogs. Wer sich allerdings ein besonders bildgewaltiges Theme wünscht, ist mit PhotoBook gut beraten.

## Graphy: Schlicht und elegant

Das genaue Gegenteil von PhotoBook ist Graphy von Takao Utsumi. Dieses Theme arbeitet vor allem mit großen Weißflächen sowie mit Typografie und ist damit für Blogs perfekt geeignet. Voreingestellt ist es ohne Header und mit einer Serifenschrift. In der kostenpflichtigen Variante Graphy Pro (ca. 50 Euro) finden Sie unter *Design > Anpassen* eine Fülle an Änderungsmöglichkeiten, sodass Sie

Ihre Webseite sehr individuell anpassen können. Auch die kostenlose Version bietet einige Einstellungen an, die für einen soliden Blog oft schon ausreichend sein können.

„Parallax Scrolling": Beim Theme ColorWay erscheinen die bebilderten Minitexte unterhalb des großen Sliders nicht auf einmal, sondern der Reihe nach. Das kann Ruhe und eine starke Präsenz vermitteln.

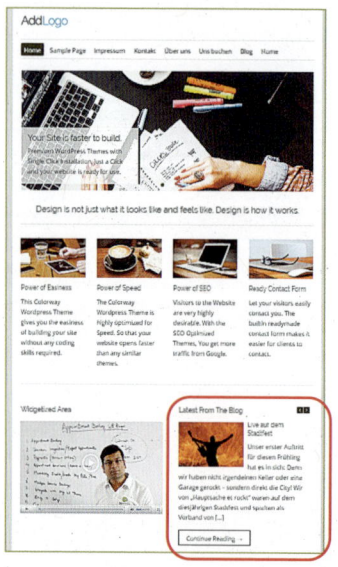

## ColorWay: Die ideale Präsentationsplattform

Neben den bereits vorgestellten WordPress-Themes gibt es auch solche, die aufgrund ihrer umfangreichen Funktionen die ideale Präsentationsplattform bieten. Texte, Bilder und andere Elemente sind nicht statisch auf der Seite ausgewiesen, sondern erscheinen und verschwinden beim Scrollen. Solch einen Bewegungseffekt, bei dem sich eine Webseite beim Scrollen laufend ändert, nennt man unter Designern Parallax Scrolling. ColorWay von InkThemes ist eine Designvorlage, die Parallax Scrolling unterstützt.

Was nach der Installation sofort auffällt: Die Beitrags-Übersichtsseite unterscheidet sich stark von den Übersichtsseiten anderer Themes. Genauer gesagt werden die letzten Beiträge nur noch auf einem kleinen Teil der Seite angezeigt. Der Rest besteht aus vielen anpassbaren Minitexten, Widgets und anderen Webseite-Elementen. Wenn Sie Ihre WordPress-Seite nicht zum Bloggen, sondern vor allem für die dauerhafte Präsentation Ihres Unternehmens, Ver-

Bei ColorWay sind Ihre Beiträge nur anhand eines kleinen Elements zu sehen. Wer mehr Beiträge anzeigen will, kann aber das Widget „Neueste Beiträge" auf die Seite ziehen – entweder mittig oder im Fußbereich.
Unter Design > Anpassen können Sie festlegen, welche Elemente auf der Übersichtsseite angezeigt werden sollen. Ein Großteil des Anpassen-Menüs ist derzeit jedoch noch nicht auf Deutsch verfügbar.

eins oder eines bestimmten Produkts nutzen wollen, kann sich ColorWay als praktisch erweisen.

### Kreative Themes für Bastler

Kreative Themes sind nur für diejenigen zu empfehlen, die sich im Umgang mit WordPress einigermaßen sicher fühlen und darüber hinaus Spaß am Basteln haben. ColorWay ist dabei noch relativ übersichtlich und simpel – es gibt auch performante Themes (zum Beispiel für einseitige Scroll-Webseiten), die nur dann richtig gut aussehen, wenn man auch ein paar zusätzliche Funktionen in Form von sogenannten Plug-ins hinzuschaltet. Hier sind die von den Designern bereitgestellten Dokumentations-PDFs oder erklärende Videos unerlässlich, um mit ein wenig Geschick – und doch ohne umfangreiche IT-Kenntnisse – eine professionelle Webseite aufzubauen.

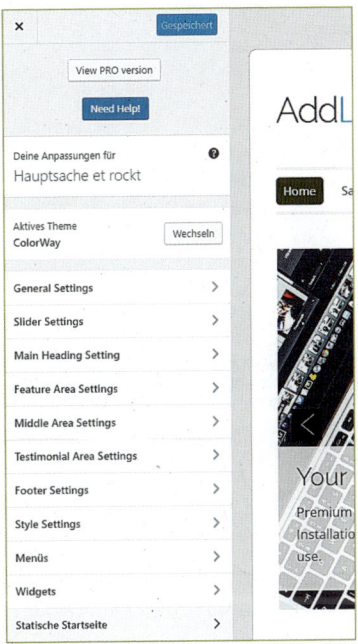

**Info**

**Themes finden:** Sie finden online eine WordPress-Seite und wollen wissen, welches Theme die Webseite nutzt? Besuchen Sie whatwpthemeisthat.com („Welches WordPress-Theme ist das?") und geben Sie dort die Adresse der entsprechenden Webseite ins Suchfeld ein. So erfahren Sie, ob das Theme verfügbar ist oder von den jeweiligen Webbetreibern speziell für die Webseite gebaut wurde.

# Mit Plug-ins die Webseite optimieren

**Mit WordPress lassen sich Webseiten kreativ** und individuell gestalten. Wenn Sie sich allerdings ausschließlich auf die Themes mit ihren standardisierten Einstellungen verlassen, kommen Sie bei der Erstellung Ihres Webauftritts schnell an Ihre Grenzen. Ohne

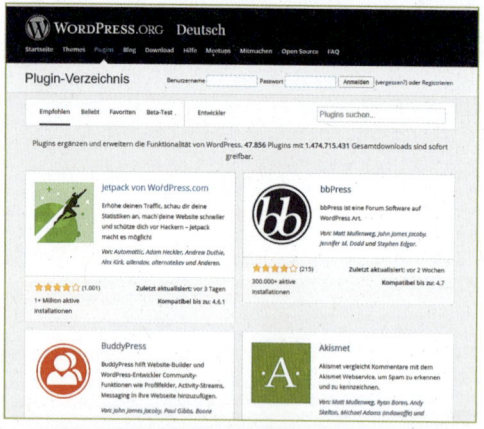

Plug-ins ist WordPress nur halb so gut: Die Mini-Programme beinhalten Funktionen, mit denen Sie Ihre Webseite komplett umgestalten können:

▶ **Schönere Bildergalerien** oder Beiträge mit kreativen Buttons und Kästen?

▶ **Ein Webshop oder Forum** statt eines simplen Blogs?

▶ **Absicherung** gegen Hacker?

Für sämtliche Anliegen gibt es mehrere Lösungen.

### Das passende Plug-in finden

Es gibt eine Vielzahl an Erweiterungsprogrammen, mit denen Sie Ihre Webseite individuell gestalten können. Die beste Anlaufstelle ist, ebenso wie bei den Themes, die Zentrale des CMS, de.WordPress.org. Hier finden Sie unter *Plugins* derzeit rund 50 000 Erweiterungen. Über ein Suchfeld können Sie Stichworte eingeben, um das passende Plug-in zu finden. Des Weiteren können Sie beliebte oder favorisierte Plug-ins anzeigen lassen.

Bevor Sie ein Plug-in installieren und aktivieren, müssen Sie sicherstellen, dass das Plug-in im Hintergrund nicht heimlich auf Ihre Daten zugreift und sie an Dritte weitergibt. Plug-ins sind vergleichbar mit Smartphone-Apps: Sie sollten genau hinsehen, bevor Sie zugreifen.

▶ **Aktuell?** Bei jedem Plug-in, das Sie sich unter de.WordPress.org/plugins ansehen, erscheint hinter dem Feld *Zuletzt aktualisiert* das Datum der letzten vorgenommenen Erweiterung. Je aktueller ein Plug-in ist, desto sicherer ist es gegen Hacker. Häufige Updates belegen, dass das Plug-in kontinuierlich weiterentwickelt wird und Fehler entfernt werden.

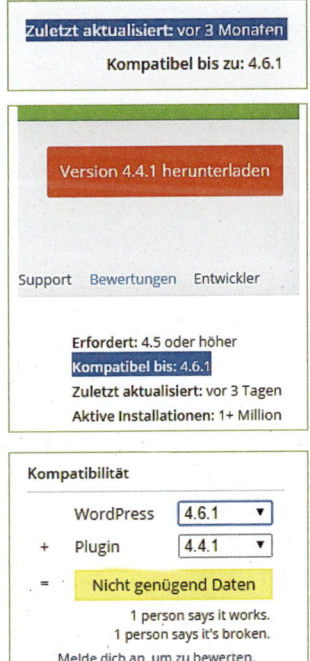

▶ **Kompatibel?** Ältere Plug-ins funktionieren auf der aktuellsten Version von WordPress möglicherweise nicht einwandfrei. Hinweise zur Kompatibilität finden Sie auch auf den Infoseiten der einzelnen Plug-ins. Unter wordpress.org registrierte Nutzer können angeben, ob die Erweiterung im Rahmen der aktuellsten WordPress-Version funktioniert oder nicht. Wenn genügend Bestätigungen eintreffen, wertet WordPress.org das Plug-in als kompatibel. Dennoch können Sie auch selbst testen, ob das Programm Ihrer Meinung nach einwandfrei funktioniert; installieren lässt es sich auf jeden Fall. Übrigens: Möchten Sie wissen, welche WordPress-Version Sie nutzen, besuchen Sie in Ihrem Back-End *Dashboard > Aktualisierungen*.

▶ **Beliebt?** In den Detailansichten der Plug-ins auf de.WordPress.org wird angezeigt, wie viele Webseiten die jeweiligen Plug-ins aktuell nutzen (unter *Aktive Installationen*). Achten Sie auch auf die Bewertungen. Oben, im horizontalen Tab-Menü unterhalb des großen Plug-in-Bildes, finden Sie den Reiter *Bewertungen*. Hier können Sie, ähnlich wie bei Amazon, die Meinungen verschiedener Nutzer nachlesen.

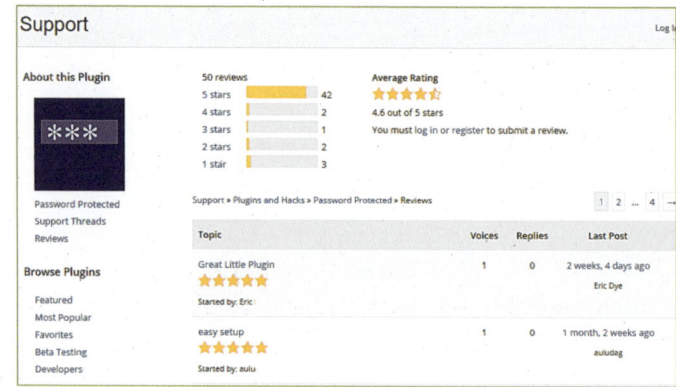

## Installierte Plug-ins verwalten

Zwei vorinstallierte Standard-Plug-ins sind unter *Plugins > Installierte Plugins* bereits vorhanden: *Akismet* ist ein Werkzeug, mit dem sich Spam in Beitragskommentaren vermeiden lässt (siehe „Mit Plug-ins gegen Spam-Kommentare", S. 148). Die zweite Erweiterung namens *Hello Dolly* ist eine Art Test-Plug-in ohne besondere Bedeutung: Wenn Sie es aktivieren, erscheint am oberen Back-End-Rand zum Spaß ein Vers aus einem Louis-Armstrong-Lied. Dieses Plug-in können nen Sie ignorieren oder löschen. Im Folgenden erfahren Sie, wie sich Plug-ins hinzufügen lassen.

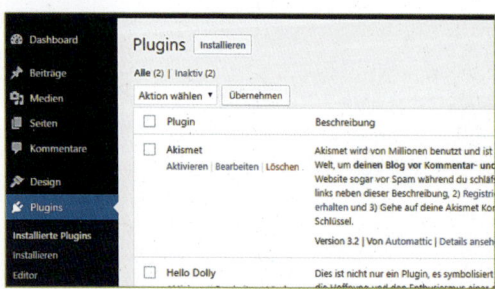

→ **Passwortschutz für den „Rohbau"**

Ist das hier gezeigte Beispiel-Plug-in *Password Protected* des Entwicklers Ben Huson installiert, muss jeder, der Ihre Webseite besuchen möchte, erst ein Passwort eingeben. Das ist besonders praktisch, wenn sich Ihre Webseite noch im Aufbau befindet und nicht jeder sehen soll, wie Ihr „Rohbau" aussieht. Später können Sie diesen Passwortschutz ganz einfach abschalten beziehungsweise das Plug-in deaktivieren.

## Plug-ins installieren und aktivieren am Beispiel Password Protected

Ebenso wie Themes lassen sich auch Plug-ins im Back-End Ihrer Webseite installieren und aktivieren. Die Verwaltung finden Sie im Back-End Ihrer Webseite unter *Plugins > Installierte Plugins*. Hier werden alle installierten Erweiterungen aufgeführt.

**1** Besuchen Sie im Back-End Ihrer Webseite den Bereich *Plugins > Installieren*. Dorthin gelangen Sie auch, wenn Sie sich in der Plug-in-Verwaltung (*Plugins > Installierte Plugins*) befinden und oben auf *Installieren* klicken.

**2** Sie kommen nun zu der Plug-in-Galerie, wie sie auch unter de.WordPress.org/plugins zu finden ist. Hier jedoch befinden Sie sich weiterhin im Back-End. Suchen Sie im Verzeichnis nach der gewünschten Erweiterung.

Wenn die Auswahl sehr groß ist, grenzen Sie sie anhand passender Stichworte ein. Achten Sie übrigens darauf, dass es das korrekte Plug-in ist; oftmals unterscheiden sich die Bezeichnungen der Erweiterungen kaum. Der Name des Entwicklers ist hierbei hilfreich.

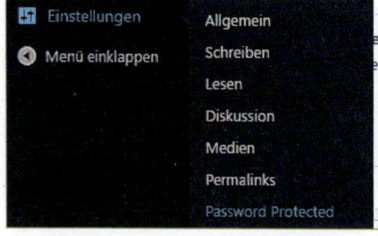

**3** Klicken Sie bei dem gefundenen Plug-in auf *Jetzt installieren*.

**4** Nachdem die Installation abgeschlossen ist, erscheint die neue Erweiterung in Ihrem Verzeichnis unter *Plugins > Installierte Plugins*. Klicken Sie hier auf *Aktivieren*, damit Sie das Plug-in nutzen können. Nicht jede Erweiterung macht sich auf der Webseite oder im Back-End sofort bemerkbar. Manchmal lassen sich Erweiterungen über einen Link wie *Einstellungen* oder *Optionen* im Plug-in-Verzeichnis feiner justieren. Gegebenenfalls gibt es im Hauptmenü oder in einem Untermenü einen oder mehrere neue Einträge. Im Falle des beispielshalber installierten Plug-ins *Password Protected* wurde der Menüpunkt *Einstellungen* um *Password Protected* ergänzt.

**5** Jedes Plug-in hat seine eigenen Einstellungen und Optionen. Im Fall von Password Protected ist der Einstellungsbereich relativ übersichtlich. Hier kann man die zusätzliche Passwort-Funktion mit einem Häkchen bei *Password Protected Status* einschalten. Im Anschluss müssen Sie ein Passwort einrichten. Bei Bedarf können Sie festlegen, dass eingeloggte Administratoren oder Benutzer von dem Passwortschutz unberührt bleiben.

Info

### Plug-ins und Themes manuell hochladen:

Nicht alle guten Plug-ins und Themes sind auf de.Word-
Press.org zu finden. Gelegentlich bieten die Entwickler
ihre Vorlagen und Erweiterung, vor allem die kostenpflichtigen Versionen, auf einer eigenen Webseite oder in einem
Onlineshop für Themes an. Haben Sie ein Produkt auf einer
solchen Webseite gefunden und gekauft, können Sie es
wie folgt auf Ihrer Webseite installieren: Bei Plug-ins müssen Sie nur unter *Plugins > Installieren* oben auf die Schaltfläche *Plugin hochladen* klicken. Anschließend können Sie
das Plug-in (im ZIP-Format) über eine Dateiauswahl auf
dem Computer suchen, auf Ihre Webseite hochladen und
installieren. Bei Themes ist es genauso; Sie müssen lediglich unter *Design > Themes* oben auf *Hinzufügen* klicken
und anschließend oben an der gleichen Stelle *Theme hochladen* auswählen.

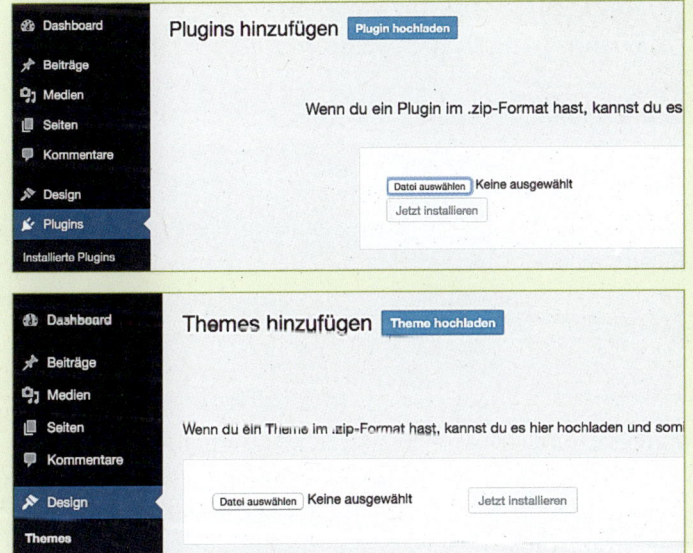

**Info**

**Plug-ins deaktivieren oder löschen:** Benötigen Sie eine Erweiterung nicht mehr, sollten Sie sie deaktivieren. Dies können Sie im Plug-in-Verzeichnis tun. Alternativ können Sie dort auch auf *Löschen* klicken. In diesem Fall entfernen Sie aber auch alle vorgenommenen Plug-in-Einstellungen. Wenn Sie eine Anwendung tatsächlich nicht mehr benötigen, ist es ratsam, das Plug-in ganz zu löschen, damit der Webspeicher und die Webseite „schlank" bleiben und sich kein Datenmüll ansammelt.

# Empfehlenswerte Plug-ins

**Welche Plug-ins Sie für Ihre Webseite benötigen,** hängt ganz von Ihren Bedürfnissen ab. Man sollte seine Webseite nicht mit überflüssigen Extras versehen, da dadurch die Seite nicht nur „schwerer" und womöglich langsamer wird, sondern auch das Sicherheitsrisiko steigt. Immerhin gewähren Sie Dritten (gemeint sind die Plug-in-Entwickler) einen gewissen Einfluss auf Ihre Webseite. Dennoch sind Plug-ins das A und O einer professionellen Webseite, sofern man sie sinnvoll einsetzt. Neben ein paar empfehlenswerten, kostenlosen Erweiterungen, die Sie auf de.WordPress.org finden, lernen Sie auch hier weitere interessante Plug-ins kennen.

### Fancybox for WordPress: Bilder schöner präsentieren

Wenn Sie ein Bild in einem Beitrag platzieren und das Bild nicht sinnvoll verlinkt ist, wird es beim Anklicken meist als nacktes Bild in Originalgröße angezeigt (1). Das funktioniert, sieht aber nicht besonders gut aus. Mit einem Plug-in wie *Fancybox for WordPress*

werden Bilder im Rahmen der Webseite vergrößert dargestellt (2) – das wirkt weitaus professioneller.

Sobald Sie das Plug-in installiert und aktiviert haben, werden Sie den Unterschied feststellen. Praktisch: Klicken Sie ein Bild an, um es zu vergrößern, werden rechts und links kleine Pfeilbuttons angezeigt, sodass Sie sich durch die anderen Bilder des Beitrags klicken und diese vergrößert ansehen können (3).

Schließen können Sie diesen Galerie-Modus, indem Sie in der Ecke oben rechts auf das *x* oder aber abseits des vergrößerten Bildes auf die Webseite klicken.

Bitte beachten Sie: Bilder müssen beim Einfügen in einen Beitrag oder in eine Seite als Medien-Datei auswählt werden, sonst kann die Fancybox-Funktion nicht ausgeführt werden.

Bei Bedarf können Sie *Fancybox* auch sehr umfangreich überarbeiten. Ihnen gefallen etwa die Icons nicht? Kein Problem, dies und mehr können Sie auf der neuen (englischsprachigen) Unterseite *Einstellungen > Fancybox for WP* bearbeiten.

### Imsanity: Bilder automatisch verkleinern lassen

Sie fotografieren gerne und wollen Ihre Bilder online präsentieren? Dann sollten Sie darauf achten, Ihre Fotos nicht in derselben Auflösung hochzuladen, in der Sie sie aufgenommen haben. Bei aller Liebe zum Detail sind 10–20 MB pro Bild einfach zu viel. Nicht nur würde das viel Speicherplatz einnehmen, auch die Webseite würde extrem langsam laden.

| | | |
|---|---|---|
| Bilder in Beitrag/Seite hochgeladen | Fit within 1500 x 1500 | pixels width/height (trage 0 |
| Direkt in die Mediathek hochgeladene Bilder | Fit within 1500 x 1500 | pixels width/height (trage 0 |
| Woanders hochgeladene Bilder (Theme Header, Hintergrundbilder, Logos, usw.) | Fit within 0 x 0 | pixels width/height (trage 0 |
| JPG Bildqualität | 90 ♦ (WordPress-Vorgabe ist 90) | |
| Konvertiere BMP zu JPG | Ja ♦ | |
| Konvertiere PNG zu JPG | Nein ♦ | |
| Änderungen übernehmen | | |

Es wäre daher notwendig, die Fotos, die Sie hochladen wollen, auf den Computer zu kopieren und sie zunächst manuell zu verkleinern. Je nach Bildbearbeitungssoftware kann man mehrere Fotos auf einmal bearbeiten, ansonsten müssen Sie jedes Bild einzeln verkleinern.

Die Alternative: Sie greifen auf das Plug-in *Imsanity* zurück. Dieses Plug-in ist für nichts anderes zuständig, als hochauflösende Bilder automatisch zu komprimieren, sobald Sie diese in die Medien-Verwaltung Ihrer Webseite hochladen. Somit sparen Sie sich viel Zeit. Haben Sie das Plug-in installiert und aktiviert, finden Sie unter *Einstellungen > Imsanity* den Bereich, in dem Sie das Werkzeug einrichten können.

Hier können Sie festlegen, welche Größe (in Pixel) die hochgeladenen Bilder maximal in Höhe und Breite haben sollen. Beachten Sie, dass sich das Plug-in an der längeren Bildseite orientiert und die kürzere Seite entsprechend geringer verkleinert.

Auch können Sie unterschiedliche Bildgrößen festlegen – je nachdem, ob die Fotos direkt in die Medienverwaltung, beim Schreiben eines Beitrags oder woanders (zum Beispiel im *Anpassen*-Bereich) hochgeladen werden.

## Short URL: Kurzlinks für Beiträge

Möchten Sie jemandem die Adresse Ihrer Webseite mitteilen, ist das kein Problem. Wollen Sie hingegen einen bestimmten Beitrag teilen, dann ist der Link schon länger.

Eine ellenlange URL sieht weder in Facebook-Posts noch in E-Mails besonders schön aus. Dennoch wollen Sie die Adresse, die den jeweiligen Beitrag treffend bezeichnet, nicht ändern (zum Beispiel example.de/die-10-besten-Restaurants-und-Cafés-in-Hamburg-Schanzenviertel). Deshalb ist es sinnvoll, einen Kurzlink zu erstellen. Mit Webangeboten wie goo.gl oder bitly.com ist das zwar machbar, eindrucksvoller ist es aber, wenn Ihre eigene Domain im Link erscheint (zum Beispiel meine-webseite.de/restaurant-test-2017). Das erreichen Sie mit dem Plug-in *Short URL* von SedLex.

Wenn Sie das Plug-in installieren und aktivieren, erscheint im Komforteditor für Beiträge unter der Titelzeile neben dem Permalink ab sofort ein weiterer Button mit dem Titel *Kurzlink anzeigen*. Wenn Sie diesen anklicken, taucht ein kleines Pop-up-Fenster mit dem Kurzlink auf. Diesen müssen Sie einfach nur kopieren, um Ihren Beitrag in sozialen Netzwerken teilen zu können.

Unter hauptsache.de wird Folgendes angezeigt:
URL:
☐ Diese Seite am Erstellen zusätzlicher Dialoge hindern
http://hauptsache.de/osVR6
Abbrechen  OK

**Info**

**Standardeinstellungen für Links:** Eine neue WordPress-Seite verwendet für URLs die Struktur meine-webseite.de/?p=123. Diese vereinfachte Linkstruktur ist aber unschön. Zum Teilen von Links ist eine verkürzte URL durchaus praktisch (weshalb entsprechende Plug-ins wie *Short URL* empfehlenswert sind). Sie sollten aber festlegen, dass die Links Ihrer Webseite immer treffende Bezeichnungen haben (siehe „Permalinks", S. 157).

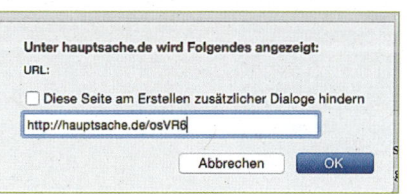

Beitrag bearbeiten  Erstellen

Live auf dem Stadtfest

Permalink: http://hauptsache.de/live-auf-dem-stadtfest/  Bearbeiten  Kurzlink

Dateien hinzufügen

Einstellen lässt sich das Plug-in im Bereich *Short URL*. Diesen finden Sie unterhalb eines neuen Menüeintrags namens *SL Plugins* im Back-End. Unter dem Reiter *Parameter* können Sie genau festlegen, wie der Kurzlink erstellt werden soll.

Wie viele Zeichen soll der Teil hinter der Domainadresse haben? Sollen Großbuchstaben, Kleinbuchstaben und/oder Zahlen verwendet werden? Dies und mehr können Sie genau einstellen.

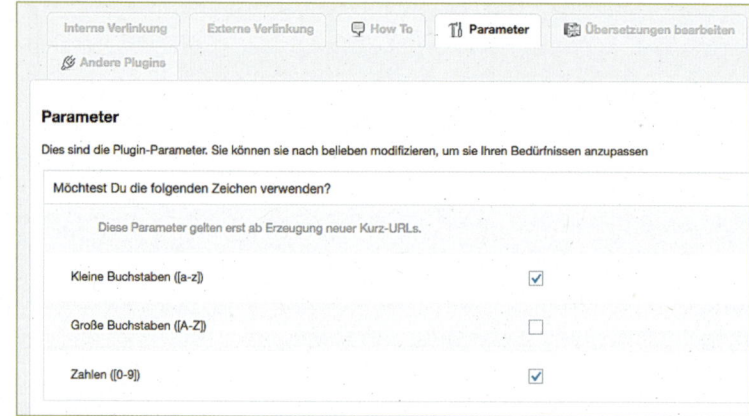

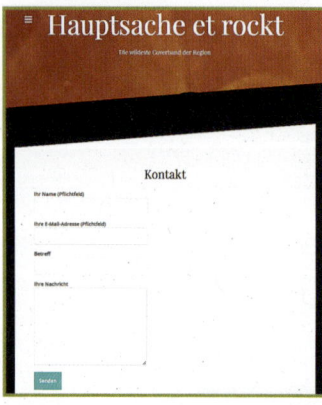

## Contact Form 7: Kontaktformulare einfach erstellt

Die meisten Webseiten bieten unter dem Menüpunkt *Kontakt* ein E-Mail-Formular an, damit die Besucher direkt vom Browser aus eine Nachricht an Sie schreiben können. Aber auch andere Arten von Formularen sind online zu finden, wie etwa die Bestellmaske für einen Newsletter. Dank eines Plug-ins wie *Contact Form 7* des Entwicklers Takayuki Miyoshi können Sie solche Formulare ganz einfach und zudem kostenlos erstellen.

Und so geht's:

**1** Installieren Sie das Plug-in *Contact Form 7*. Nachdem Sie es aktiviert haben, erscheint im Menü ein neuer Eintrag mit dem Titel *Formulare*. Klicken Sie auf *Kontaktformulare*.

**2** Hier finden Sie ein Verzeichnis, das später all Ihre Formulare sammelt. Möchten Sie ein neues Formular erstellen, klicken Sie oben auf *Neu hinzufügen*. Für den Einstieg finden Sie im Verzeichnis ein erstes *Kontaktformular 1*.

**3** Wenn Sie *Kontaktformular 1* anklicken, erscheint ein Editor, der vergleichbar mit dem Textfeld bei Ihren Blogbeiträgen oder Seitentexten ist. Die Formulare werden mithilfe von Codes erstellt. Diese müssen Sie aber nicht auswendig können. Mit einem Mausklick auf die Buttons *Text*, *E-Mail* und so weiter können Sie die jeweiligen Formularfelder hinzufügen. In der aktuellen Variante finden Sie Formularfelder für den Namen, die E-Mail-Adresse, den Betreff und die Nachricht. Unten befindet sich noch ein *Senden*-Button.

**4** Das Kontaktformular können Sie in Ihre Webseite einbauen, indem Sie den blau markierten Code oben kopieren und in einen beliebigen Beitrag oder eine Seite Ihrer Wahl einfügen.

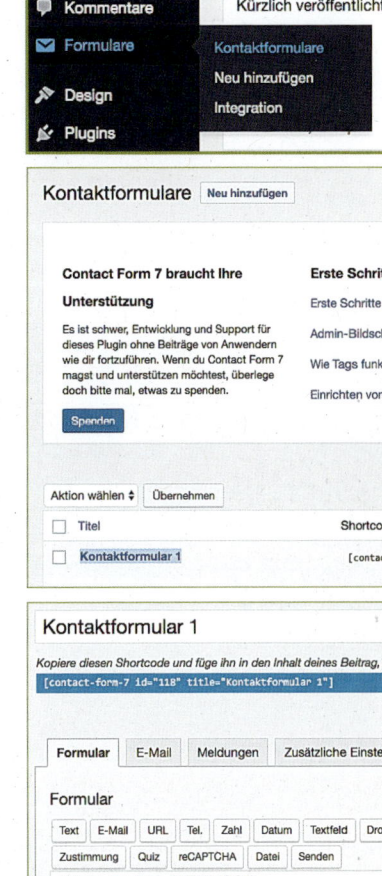

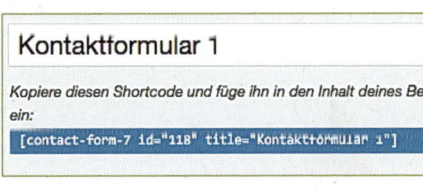

**5** Wenn Sie die Seite speichern und im Front-End betrachten, sehen Sie anstelle des Codes das fertige Formular.

**6** Natürlich stellt sich die Frage, was passiert, wenn jemand dieses Formular tatsächlich nutzt, um Ihnen eine Nachricht zu schicken. Dies können Sie im Bearbeitungsmodus des jeweiligen Formulars festlegen. Unter *E-Mail* können Sie bestimmen, an welche Adresse die Nachricht übermittelt werden soll. Unter *Meldungen* definieren Sie, welche Benachrichtigung der Absender erhalten soll, nachdem er auf *Senden* geklickt hat.

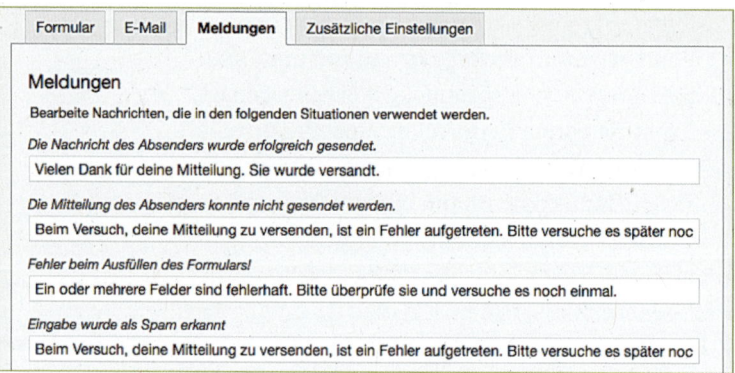

### → Mehr Plug-ins unter de.WordPress.org

Es gibt noch viele weitere Plug-ins, die je nach Aufgabe und Funktionsumfang mal simpel und übersichtlich, mal komplex und schwer zu handhaben sind. Für die meisten Plug-ins gibt es aber Dokumentationen und Hilfsverzeichnisse (oft jedoch nur auf Englisch). Diese finden Sie auf der dazugehörigen WordPress-Seite oder auf der Webseite der jeweiligen Entwickler. *Contact Form 7* beispielsweise bietet unter contact-form7.com eine umfangreiche Hilfestellung.

**Info**

### Webseite in ein Forum oder einen Onlineshop verwandeln:

Mithilfe des Plug-ins *bbPress* lässt sich Ihre Webseite mit einem Forum versehen. *WooCommerce* zaubert aus Ihrem Onlineauftritt einen Webshop.

Beachten Sie aber, dass solch umfangreiche Plug-ins teilweise aufwendig in der Handhabung sind – immerhin verwalten Sie mit ihnen sehr viele Daten (wie die User eines Forums oder Produkte). Planen Sie umfangreiche Shops oder Foren, sollten Sie sich von Experten beraten lassen, ob WordPress für Ihre Zwecke ausreicht oder ob nicht ein spezielles Shop- oder Forum-CMS eingesetzt werden sollte.

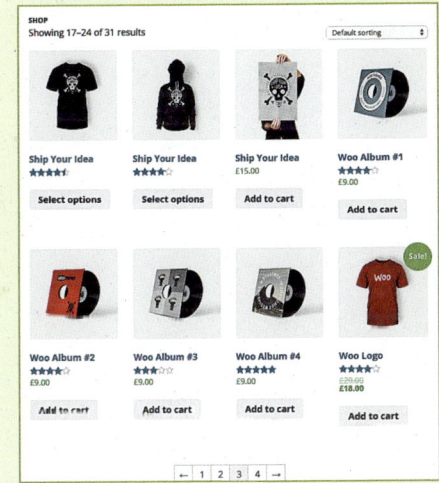

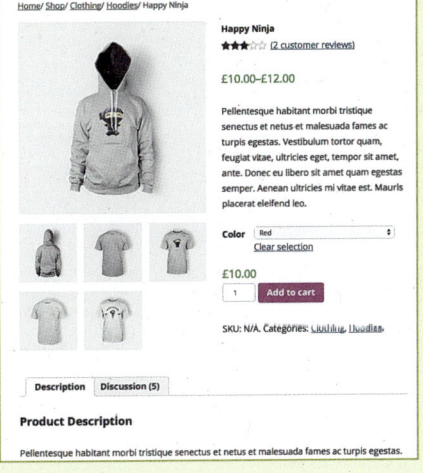

# WordPress sicherer machen

Die WordPress-Software ist bereits von Haus aus relativ sicher. Dafür sorgen die Entwickler und eine fleißige Gemeinschaft von Freiwilligen. Plug-ins können jedoch in Sachen Sicherheit Fluch und Segen zugleich sein. Lesen Sie hier, worauf es bei der Wartung und Pflege Ihres Blogs ankommt. Nur so können Sie Spam vermeiden und sich wirksam vor Angriffen durch Hacker schützen.

# Updates ausführen und Daten sichern

**Wie alle gängigen Softwareprogramme** oder Betriebssysteme bietet auch WordPress in regelmäßigen Abständen aktualisierte Versionen an. Hin und wieder kommen neue Funktionen oder überarbeitete Werkzeuge hinzu, und manchmal schließt WordPress mit einem Update auch gefährliche Sicherheitslücken. Bei solchen Lücken handelt es sich um Fehler im Programmiercode der Software, die Angreifer ausnutzen könnten, um eine WordPress-Webseite anzugreifen. Kritische Updates übernimmt WordPress automatisch, andere hingegen müssen manuell installiert werden. Beachten Sie hier die Anzeigen in Ihrem Dashboard. Was genau eine neue Version von WordPress beinhaltet, können Sie dem WordPress-Codex entnehmen. Dabei handelt es sich um die englischsprachige Bedienungsanleitung der Websoftware, die Ihnen unter codex.WordPress.org zur Verfügung steht. Wenn Sie dort auf den Link *Current WordPress Version* klicken, kommen Sie zur Ansicht aller Details der aktuellsten Version. Leider ist dieser Bereich von WordPress.org englischsprachig. Wer sich also mit Details eines Patches (zu Deutsch: Flicken oder

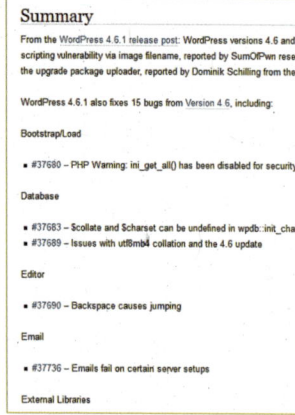

Pflaster; in der IT ist damit eine Verbesserung einer vorherigen Softwareversion gemeint) beschäftigen möchte, sollte des Englischen mächtig sein und sich mit den Feinheiten der Skriptsprache PHP beschäftigt haben.

Wirklich verständlich ist dieser englischsprachige Bereich der Webseite nicht. Wer über ein wenig IT-Know-how verfügt, findet hier in der *Summary* (zu Deutsch: Zusammenfassung) alle Änderungen, Patches und Neuheiten. Aus Sicherheitsgründen ist es dennoch äußerst empfehlenswert, die Updates von WordPress regelmäßig zu installieren.

### WordPress updaten

Ein Update von WordPress zu installieren geht ganz leicht: Klicken Sie dafür im *Dashboard* Ihrer Webseite auf *Aktualisiere jetzt*.

Zur Sicherheit sollten Sie vor einem Update immer ein Back-up erstellen, also eine Sicherheitskopie Ihres gesamten Blogs. So kann nichts verloren gehen.

### Ein Back-up Ihrer Webseite erstellen und die Webseite aus dem Back-up wiederherstellen

Um all Ihre Texte, Bilder und Co., also Ihren Content, vor einem Datenverlust zu schützen, ist eine aufwendige Prozedur notwendig – oder aber das richtige Plug-in, das Ihnen die Arbeit abnimmt.

**1** Klicken Sie links im Menü auf *Plugins* und anschließend auf *Installieren*. Suchen Sie nach *UpdraftPlus WordPress Backup Plugin*.

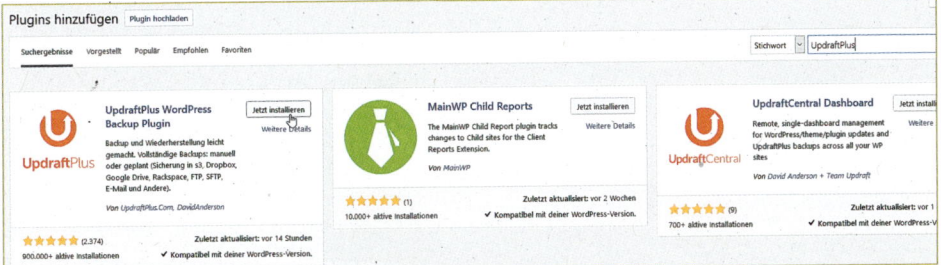

**2** In den Ergebnissen sollte das kostenlose *UpdraftPlus WordPress Backup Plugin* direkt an erster Stelle auftauchen. Klicken Sie hier auf *Jetzt installieren*. Der Installationsvorgang kann ein paar Minuten dauern. Klicken Sie abschließend auf *Aktivieren*.

**3** Sehen Sie nun in das Verzeichnis installierter Plug-ins. Klicken Sie hier auf *Einstellungen* unter dem Eintrag *UpdraftPlus*. Angezeigt wird nun das Hauptmenü des Plug-ins. Im Grunde können Sie mit nur einem Klick auf *Jetzt sichern* ein komplettes Back-up sowohl von Ihrer Datenbank als auch von sämtlichen auf dem Webserver gespeicherten Dateien anlegen. Das Back-up verbleibt dann allerdings auf dem Webserver. Speichern Sie das Back-up vorsichtshalber auch auf einer Festplatte.

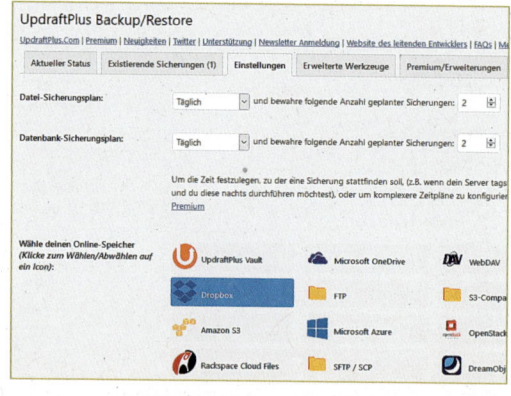

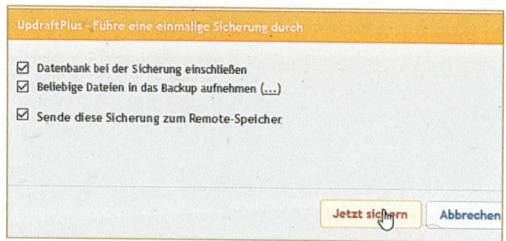

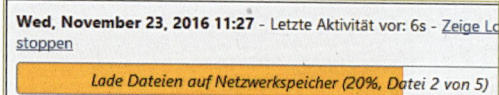

**4** Dafür klicken Sie auf *Einstellungen*. Hier können Sie zum einen angeben, ob Sie automatische Sicherungen Ihrer WordPress-Installation anlegen wollen. Zum anderen haben Sie die Option, ein erstelltes Back-up (ob manuell oder automatisiert spielt in dem Falle keine Rolle) direkt an einen Onlinespeicher wie etwa Dropbox zu schicken. Wichtig: Der Abschluss der Konfiguration von UpdraftPlus unterscheidet sich je nach Onlinespeicher. Folgen Sie in jedem Fall den Anweisungen auf dem Bildschirm.

**5** Mit einem Klick auf *Jetzt sichern* starten Sie das Back-up.

**6** Haben Sie einen Datenverlust erlitten, haben Sie nun über den blauen Button *Wiederherstellen* Zugriff auf frühere, von Ihnen gesicherte Versionen der Webseite.

→ **Back-ups über Ihren Webspace-Anbieter**

Manche Dienstleister bieten auch hauseigene Sicherungen an. So ist es beispielsweise bei STRATO möglich, über den Bereich *STRATO BackUpControl* tagesaktuelle Back-ups zu erstellen. Sie haben also, je nach Serviceleistungen Ihres Anbieters, die Möglichkeit, beschädigte Webseiten wiederherzustellen, auch wenn Sie WordPress wie oben beschrieben ebenfalls gesichert haben. Je nach Dienstleister können aber zusätzliche Kosten anfallen.

## Daten von anderen Weblog-Plattformen importieren

Sie haben bereits auf einer anderen Webseite losgelegt, dort einen Blog kreiert und wollen diese Daten sichern? Mit der Import-Funktion von WordPress können Sie Beiträge, Kommentare, Medien oder ganze benutzerdefinierte Bereiche von anderen Plattformen importieren – egal, ob Sie von Blogger, Blogroll,

Neben den praktischen Import-Hilfen haben Sie mit dem Schlagwort-Konverter ein weiteres, nützliches Tool, das es Ihnen erlaubt, Ihre Kategorien in Schlagwörter umzuwandeln oder umgekehrt.

Tumblr oder einer fertig aufgesetzten WordPress-Seite von Word-Press.com stammen. Klicken Sie auf *Werkzeuge > Daten importieren* und wählen Sie den Dienst aus, dessen Daten Sie herüberholen möchten.

## Mit WordPress umziehen – Daten exportieren

Sie wollen mit Ihrer WordPress-Seite umziehen? In diesem Falle ist die *Daten exportieren*-Funktion hilfreich. Klicken Sie hier auf *Export-Datei herunterladen* und kopieren Sie all Ihre Beiträge, Seiten, Kommentare, benutzerdefinierten Felder, Kategorien und Schlagwörter in eine einzige XML-Datei. XML steht für Extensible Markup Language (zu Deutsch: erweiterbare Auszeichnungssprache). Es handelt sich hierbei um eine Textdatei, die Ihre Word-Press-Inhalte in einem durchgehenden Code beinhaltet. Damit ermöglicht XML den plattform-

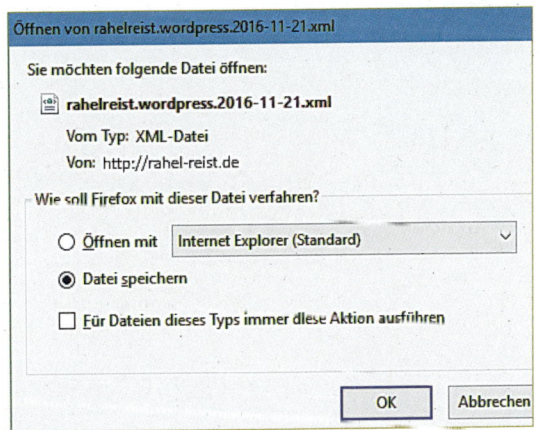

unabhängigen Austausch von Daten zwischen verschiedenen Computersystemen.

Die exportierte XML-Datei können Sie dann über die *Import*-Funktion von WordPress auf einem anderen Hoster wieder zurückspielen. Sie können den Export aber auch offline als eine Art Sicherheitskopie ablegen.

### Updates: Auch an Plug-ins und Themes denken

Nicht nur für das WordPress-System selbst stehen Ihnen regelmäßig Updates zur Verfügung. Auch die von Ihnen installierten Plugins oder Themes werden, je nachdem, von wem sie entwickelt werden, mit Patches versorgt.

Ob es Updates für einen bestimmten Bereich gibt, erkennen Sie im WordPress-Menü an einer rot umrandeten Ziffer. Stehen neue Versionen für mehrere Plug-ins oder Themes zum Downloaden bereit, sehen Sie eine entsprechend höhere Zahl am Rande des Menüs. Im hier aufgeführten Beispiel hat der Betreiber die Pflege seiner Webseite sträflich vernachlässigt: Gleich 17 Updates sind fällig, 12 davon allein für Plug-ins. Überprüfen Sie regelmäßig Ihr Back-End und halten Sie nach neuen Updates Ausschau, um es gar nicht erst so weit kommen zu lassen.

Um beispielsweise ein Plug-in auf den neuesten Stand zu bringen, klicken Sie links im Menü auf *Plugins*. Sollte ein Update nötig sein, wird Ihnen *Es ist eine neue Version von ... verfügbar* angezeigt. Klicken Sie auf *jetzt aktualisieren,* falls Updates fällig sind.

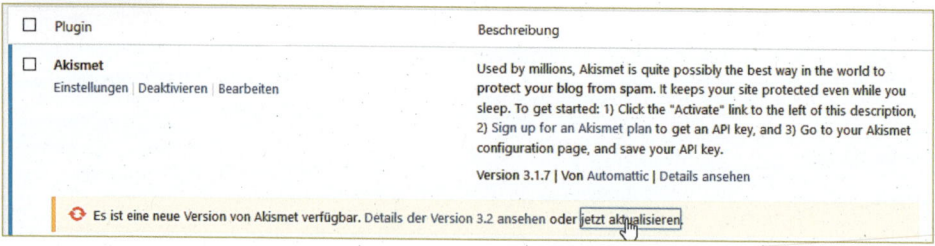

Wenn Sie genau wissen wollen, welche Änderungen anstehen, klicken Sie links auf *Details der Version ... ansehen*. Das ist grundsätzlich keine schlechte Idee, da ein Plug-in um Funktionen erweitert werden könnte, die Sie gar nicht benötigen, oder die sich sogar negativ auf Ihre Webseite auswirken. Wenn mit einem Update keine Sicherheitslücken oder Bugs (zu Deutsch: Wanzen, Käfer) geschlossen oder entfernt werden, können Sie auch mal einen Patch überspringen.

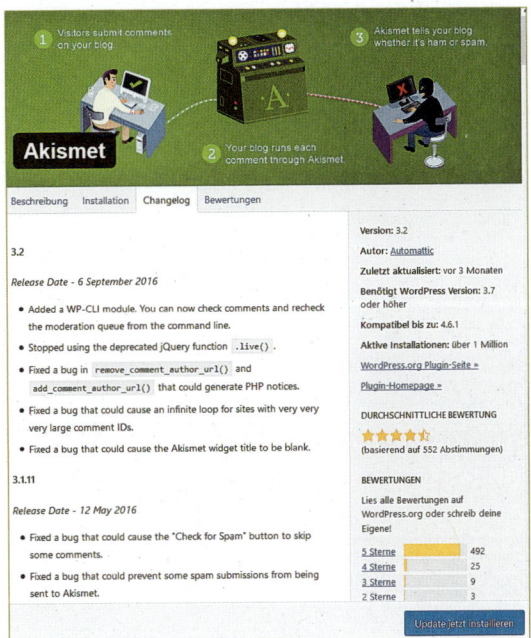

### → Bugs beseitigen lassen

In der IT bezeichnet man mit Bugs die Fehler, die sich unbeabsichtigt in den Programmcode eingeschlichen haben. Ähnlich wie Schädlinge im Gemüsebeet sollten auch die Bugs in WordPress, den installierten Plug-ins und Themes möglichst bald beseitigt werden.

Im Prinzip müssen Sie sich darum aber nicht selbst kümmern. Der Bug fällt meist den Programmierern auf (im Idealfall bevor Internetkriminelle ihren Nutzen aus den Fehlern ziehen können). Die Programmierer veröffentlichen in diesem Fall einen sogenannten Bugfix (Englisch to fix, reparieren). Hierbei handelt es sich um ein kostenloses Mini-Patch, das sich automatisch installiert, kleine Fehler behebt und die Sicherheitslücken schließt. Nach der Installation ist Ihre Webseite wieder vor Angriffen geschützt.

# Passwörter, Log-ins und Benutzernamen: WordPress sicherer machen

**Haben Sie bei der Installation** einen Eigennamen oder ein leicht zu erratendes Passwort gewählt, sollten Sie es gegen ein starkes Passwort austauschen, das aus Sonderzeichen, Zahlen, Groß- und Kleinbuchstaben besteht.

Klicken Sie im Menü links auf *Benutzer* und anschließend unter dem Benutzer, dessen Kennwort Sie ändern wollen, auf *Bearbeiten*. Scrollen Sie nach unten und klicken Sie auf *Passwort generieren*. Dieses starke Passwort können Sie übernehmen oder aber Sie denken sich ein eigenes, kompliziertes Passwort aus (siehe „Tipps für ein ...", S. 146). Klicken Sie abschließend auf *Benutzer aktualisieren*.

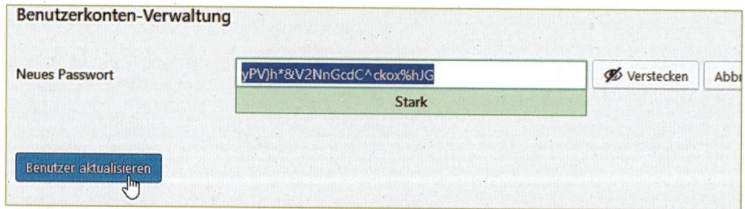

### Beiträge in der richtigen Rolle veröffentlichen

Um eine WordPress-Webseite zu knacken, sind zunächst zwei Dinge nötig: der Benutzername eines Administrators und das dazugehörige Passwort. Deshalb sollten Sie für sich zwei Benutzerkonten anlegen: eines als Administrator, über das Sie Ihr Back-End verwalten, und eines zum Posten von Beiträgen. Verfügen Sie nämlich über nur ein Konto und wählen darüber hinaus den Benutzernamen Admin, der neben Ihren Postings erscheint, machen Sie sich automatisch zur Zielscheibe für Hacker. Legen Sie sich also zur Sicherheit einen ganz neuen Benutzer an, dem Sie die Rolle eines Redakteurs zuweisen. In der Rolle dieses Benutzers können Sie Beiträge veröffentlichen, während Sie alle verwaltenden Tätigkeiten mit Ihrem regulären Admin-Account erledigen. Sie können auch ganz bequem als Administrator Beiträge schreiben und diese dann über die QuickEdit-Funktion einem anderen Nutzer zuordnen, bevor Sie die Texte veröffentlichen.

Sollte Ihr Redakteur-Konto dennoch geknackt werden, stehen dem Eindringling lediglich unkritische Optionen zur Verfügung – die Webseite „übernehmen" kann er jedenfalls nicht. Im schlimmsten Fall importieren Sie einfach eine ältere Version Ihrer Webseite aus einem Back-up und ändern sämtliche Passwörter.

### → Den Benutzernamen „admin" vermeiden

Einem Administrator-Konto sollten gar nicht erst Benutzernamen wie „admin" oder „Administrator" zugewiesen werden, denn solche Standardnamen werden von Hackern gerne ausprobiert.

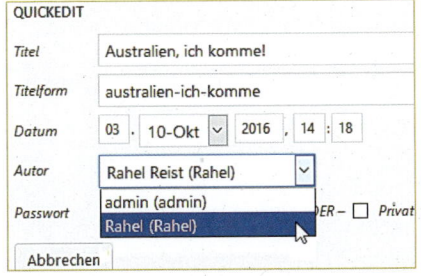

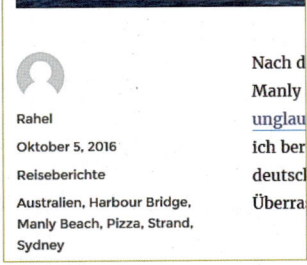

### WordPress mit sicheren Plug-ins abriegeln

Damit es gar nicht erst zu einem Angriff kommt, sollten Sie Vorsorge treffen. Zwar können Hacker immer eine bestimmte Schwachstelle ausnutzen; wenn ein WordPress-Konto geknackt wird, handelt es sich aber auch oftmals um einen sogenannten Brute-Force-Angriff.

### → Brute-Force-Attacken

Der Begriff Brute-Force-Attacke beschreibt ein Verfahren zum Knacken eines Benutzerpassworts. Durch unzählige Anmeldeversuche soll das Kennwort mit der Zeit erraten werden. Daher sollten Sie grundsätzlich nirgendwo ein Passwort einsetzen, das beispielsweise im Duden steht. Ein sicheres Kennwort besteht immer aus mindestens acht Zeichen, darunter Zahlen, Buchstaben und Sonderzeichen. Ein absolutes No-Go ist also der Benutzername Admin in Kombination mit dem Passwort 123456.

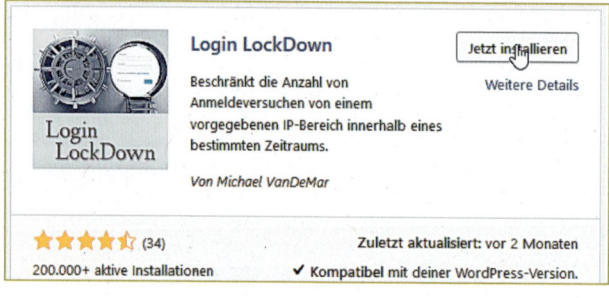

### Login LockDown

Mit dem kostenlosen Plug-in *Login LockDown* haben Sie die Möglichkeit, Eindringlingen den Riegel vorzuschieben.

Im Prinzip funktioniert es ganz einfach so, wie man es beim Entriegeln des Smartphones via Handy-PIN kennt: Nach einer bestimmten Anzahl an Fehlversuchen wird der Zugang gesperrt.

**1** Klicken Sie auf *Plugins › Installieren*, tippen Sie *Login Lock-Down* ein und klicken Sie auf *Jetzt installieren*.

**2** Aktivieren Sie das Plug-in nach erfolgreichem Set-up.

**3** Fahren Sie anschließend mit der Maus über *Einstellungen* und klicken Sie im Menü auf das neu hinzugefügte Untermenü *Login LockDown*.

**4** Unter *Max Login Retries* können Sie die maximale Anzahl der Log-in-Versuche begrenzen. Drei bis fünf Versuche haben sich in der Praxis als sinnvolle Einstellung erwiesen.

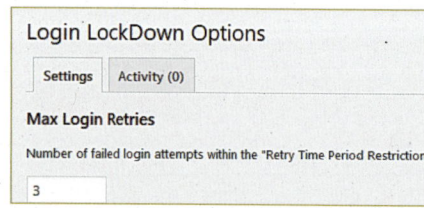

**5** Darüber hinaus können Sie festlegen, in welchem Zeitrahmen die Fehlversuche geschehen dürfen, bevor das Plug-in den Eindringling aussperrt.

> **Login LockDown Options**
>
> Settings | **Activity (0)**
>
> There are currently 0 locked out IP addresses.
>
> No IP blocks currently locked out.
>
> Release Selected

Das Aussperren geschieht übrigens über die IP-Adresse und bietet so einen guten Schutz vor einer Brute-Force-Attacke oder einem besonders ausdauernden potenziellen Eindringling.

Unter dem Reiter *Activity* können Sie nachlesen, ob eine IP-Adresse bereits gesperrt ist und um welche Adresse es sich handelt. Haben Sie sich selbst einmal ausgesperrt, können Sie hier mit einem Klick auf *Release Selected* ausgewählte IPs wieder freigeben.

### → Eine neue IP-Adresse vom Provider bekommen

Wer nicht explizit eine statische IP-Adresse bei seinem Telefon- und Internetanbieter bucht, bekommt standardmäßig eine dynamische IP-Adresse zugeteilt. Diese erneuert sich je nach Anbieter alle 24 Stunden von selbst. Wem das zu lange dauert, der kann versuchen, den Router (zum Beispiel die Fritz!Box) neu zu starten. Ein anderer Vorschlag ist: Loggen Sie sich mit Ihrem Smartphone-Browser über Ihr Mobilnetz (also nicht im WLAN!) in das Back-End Ihrer Webseite ein. Geben Sie im Untermenü *Einstellungen > Login LockDown* Ihre gesperrte IP-Adresse frei, damit Sie auch am Computer wieder Zugang zu Ihrem Konto haben.

Leider ist selbst ein Plug-in wie *Login LockDown* kein Garant für absolute Sicherheit. Diese genießen Sie nur, wenn Sie achtsam mit Ihren Benutzerdaten umgehen. Wählen Sie also unbedingt – gerade für den Administrator – nur komplexe und möglichst lange Passwörter.

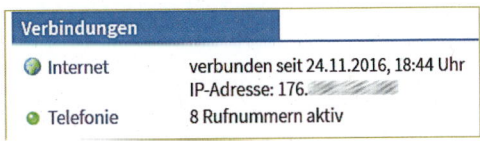

> **Verbindungen**
>
> 🌐 Internet — verbunden seit 24.11.2016, 18:44 Uhr
> IP-Adresse: 176.
>
> 🌐 Telefonie — 8 Rufnummern aktiv

Info

**Häufig verwendete Passwörter vermeiden:**
Nehmen Sie Ihre Passwortsicherheit ernst. Regelmäßig
finden sich in Listen der meistgenutzten Passwörter
Kombinationen wie: *hallo*, *passwort*, *hallo123*, *schalke04*,
*passwort1*, *qwertz* oder *12345*. Seien Sie kreativ – es lohnt.

## Passwortsicherheit ist relativ

Wenn es Hacker tatsächlich darauf anlegen und genügend Zeit und
Ausdauer mitbringen, kann vermutlich jedes Passwort geknackt
werden. Die Chance andererseits, dass gerade für Ihre Seite so viel
Energie aufgewandt wird, ist ziemlich gering. Daher gilt das Gleiche
wie bei der eigenen Wohnung: Eine unverschlossene oder gar sper-
rangelweit offen stehende Tür lädt Diebe ein, ein komplexes Sicher-
heitsschloss kostet Zeit – und schreckt ab.

Ein sicheres Passwort ist daher genau das: Seine Entschlüsselung
muss zu aufwendig für die erste Probierphase sein, sodass es „loh-
nender" scheint, zur nächsten, möglicherweise schlechter gesicher-
ten Webseite zu wechseln.

## Tipps für ein sicheres Passwort

Wie bereits gesagt, sollte ein Passwort aus zwölf oder mehr Sonderzeichen, Zahlen, Groß- und Kleinbuchstaben bestehen. Pro Konto
sollte je eines vergeben werden: Das beste Passwort nützt nichts,
wenn Sie dieses für all Ihre Onlineaktivitäten verwenden.

Können Sie sich kein generiertes Passwort merken, kann es hilfreich sein, Sprichwörter abzukürzen – etwa „Vertrauen ist gut, Kontrolle ist besser" (Vig,Kib) –, diese mit Zahlen und Sonderzeichen zu
versehen (Vi8,Ki&) und nun beispielsweise noch eine Endung für
das aktuelle Konto anzufügen: Vi8,Ki&=WrdPr§§.

Vermeiden Sie jedoch Umlaute wie ä, ö und ü, damit Sie sich auch
an Tastaturen im Ausland einloggen können.

# Spam keine Chance geben

**Spam ist die digitale Form von Werbeprospekten,** die den Briefkasten verstopfen – niemand will sie, aber alle bekommen sie ungefragt. Vor einiger Zeit wurden WordPress-Seiten von Spam-Kommentaren buchstäblich überschwemmt. Ganz so schlimm ist es zwar nicht mehr, hin und wieder tauchen sie aber dennoch auf: unerwünschte Kommentare unter Beiträgen oder Seiten, die überhaupt nichts zum Thema oder zur Diskussion beitragen, oft in einer fremden Sprache verfasst sind und nur so vor Links wimmeln, die zu kostenpflichtigen Webseiten und Leistungen führen.

Damit ist Spam nicht nur lästig, er beeinträchtigt im schlimmsten Fall auch die Reputation Ihrer Webseite.

Dieser Datenmüll wird meistens nicht von Menschen, sondern von Spam-Bots verursacht: Das sind Computerprogramme, die das Netz nach Möglichkeiten abgrasen, Kommentare mit Links zu platzieren. Je mehr Verlinkungen von externen Quellen eine Seite nämlich vorzuweisen hat, desto höher steigt sie in der Platzierung von Suchmaschinen. Deshalb ist es die Aufgabe der Spam-Bots, für eine größtmögliche Menge an Verlinkungen zu sorgen.

Entdecken Sie Spam auf Ihrer Webseite, sollten Sie aktiv werden. Sie könnten natürlich rigoros sämtliche Kommentarfunktionen mithilfe der WordPress-Einstellungen deaktivieren (*Einstellungen > Diskussion*). Im gleichen Zuge würden Sie aber auch eine lebendige Diskussionskultur auf Ihrem Blog unterbinden.

Eine weitere Möglichkeit ist es, Kommentare nur dann zu erlauben, wenn sich die Kommentatoren vorab mit ihrer E-Mail-Adresse registrieren. Die Registrierung jedoch empfinden viele Nutzer als mühsam und verzichten in dem Fall lieber darauf, Ihre Beiträge zu kommentieren.

Deshalb sollten Sie am besten jeden einzelnen Kommentar prüfen und genehmigen. Dafür können Sie in den Diskussions-Einstellun-

Bevor ein Kommentar erscheint, ☑ muss der Kommentar manuell genehmigt werden.

☐ muss der Autor bereits einen genehmigten Kommentar geschrieben haben.

gen bei dem Punkt *Bevor ein Kommentar erscheint, muss der Kommentar manuell genehmigt werden* das Häkchen setzen.

Praktisches Feature: WordPress kann sich Benutzer merken, die einen genehmigten Kommentar geschrieben haben. Hierfür setzen Sie dann unter dem Häkchen *Bevor ein Kommentar ...* ein zweites. Eine weitere Wortmeldung des betroffenen Lesers müssen Sie künftig nicht mehr erst freischalten.

Die manuelle Kontrolle ist nur so lange empfehlenswert, bis Ihr Blog stark bekannt wird und Kommentare vielleicht sogar im Sekundentakt auf Ihrem Blog hinterlassen werden. Spätestens dann benötigen Sie die Hilfe schlauer Algorithmen (Rechenvorgänge).

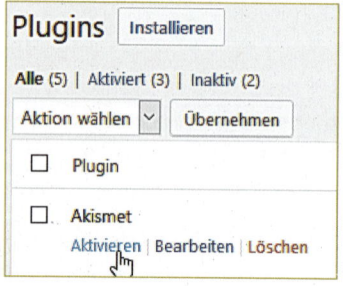

## Mit Plug-ins gegen Spam-Kommentare

WordPress verfügt unmittelbar nach der Installation über ein Plug-in zur Abwehr von Spam-Kommentaren: *Akismet* heißt das praktische Werkzeug. Damit es aber tatsächlich zum Einsatz kommt, müssen Sie es zuallererst einmal aktivieren.

**1** Klicken Sie auf *Plugins* und anschließend unter *Akismet* auf *Aktivieren*. In der Liste ist die Erweiterung nun als aktiv markiert. Zudem sehen Sie oberhalb der Liste einen großen grünen Balken.

### → Abgleich mit der Cloud

Damit *Akismet* Spam-Kommentare herausfiltern kann, muss es zunächst lernen, zwischen echten und Spam-Kommentaren zu unterscheiden: Dafür gleicht das Plug-in sämtliche Kommentare auf Ihrem Blog mit einer Datenbank ab. Diese steht in den

USA. Wen das stört, der kann auf die deutsche Alternative namens *Antispam Bee* zurückgreifen. Dieses Plug-in funktioniert ähnlich, allerdings befinden sich die Server in Deutschland.

**2** Klicken Sie nun im grünen Balken den Button *Aktiviere dein Akismet-Konto*. Das Plug-in funktioniert erst mit einem sogenannten API-Schlüssel (das Akronym steht für Application Programming Interface, zu Deutsch: Anwendungsprogrammierschnittstelle), den Sie über *Akismet* erhalten.

**3** Sie sehen nun das Konfigurationsmenü des Spam-Fighters. Um Ihre API zu erhalten, klicken Sie als Nächstes auf *Hol dir deinen API Schlüssel*. Sie werden nun in einem weiteren Browsertab zur Webseite akismet.com geleitet.

**4** Erneut müssen Sie einen Button anklicken: *Get an Akismet API Key*. Mit diesem Schritt gestatten Sie Akismet, Ihre WordPress-Seite zu überwachen. Sie benötigen dazu Ihr WordPress.com-Konto. Wenn Sie noch keines haben, können Sie hier eines anlegen.

**5** Mit Ihrer Erlaubnis erfasst die Akismet-Cloud Ihre Daten. Dazu zählen: Kommentatorennamen inklusive der Benutzernamen, die dazugehörigen E-Mail-Adressen sowie natürlich Ihr Blogname und das Bild des Benutzers (Avatar) über den Dienst Gravatar. Klicken Sie bei Einverständnis auf *Approve*.

**6**  Im nächsten Schritt sehen Sie eine Auswahl der Tarife. Für einen grundlegenden Schutz genügt die kostenlose Variante. Klicken Sie für diese Auswahl auf *Basic*. Es erscheint ein Dialog, der Sie noch einmal dazu bewegen möchte, ein kostenpflichtiges Abonnement abzuschließen. Ziehen Sie aber den Regler für den Preis ganz nach links, so erhalten Sie einen kostenlosen Tarif. Bestätigen Sie dies mit einem Klick auf *Create Subscription*.

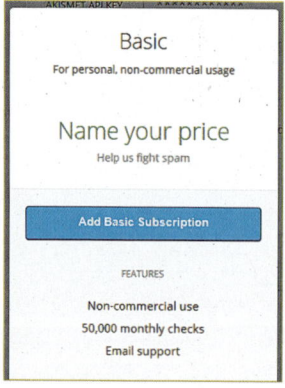 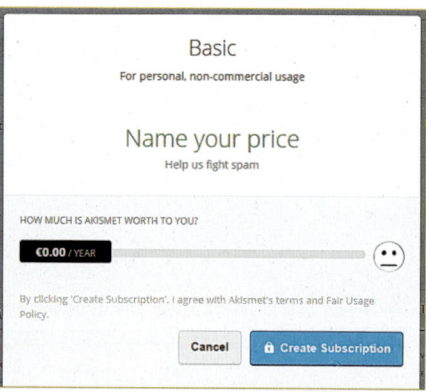

**7**  *Akismet* möchte nun gegebenenfalls wissen, wie der Name Ihrer WordPress-Seite lautet. Sollten Sie parallel zu akismet.com bei Ihrer WordPress-Webseite angemeldet sein, findet der Anti-Spam-Service die Seite auch von selbst. Klicken Sie auf *Activate this site*, um zum nächsten Schritt zu gelangen.

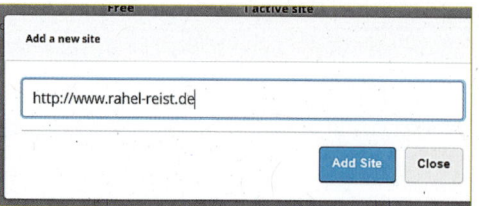 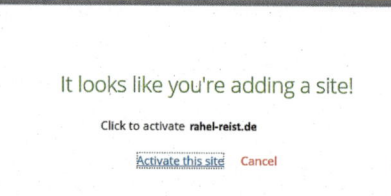

**8** Fast geschafft! Sie sehen nun im Interface von *Akismet* Ihre Seite unter *Akismet Basic*. Ganz oben befindet sich das Feld *Akismet API Key*. Klicken Sie auf das Auge rechts daneben, sehen Sie Ihren Schlüssel. Gehen Sie wieder zurück zu Ihrer eigenen Seite und tragen Sie den Code im Word-Press-Back-End ins Feld *API-Schlüssel* unter *Einstellungen > Akismet* ein.

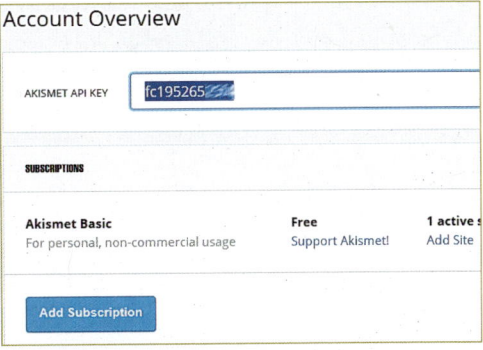

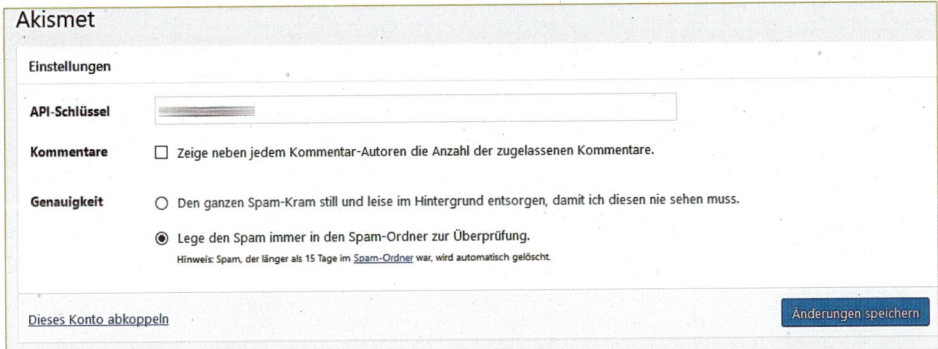

**9** Mit dem benötigten API Key kann *Akismet* Ihre Seite Ihrem Tarif zuordnen und Spam-Kommentare entsprechend filtern. Passen Sie die Einstellungen hier gegebenenfalls an und klicken Sie abschließend auf *Änderungen speichern*. Glückwunsch, Sie haben *Akismet* erfolgreich aktiviert und das kostenlose Plug-in filtert nun alle Spam-Kommentare heraus.

# Analysieren und verbessern

Haben Sie mithilfe von WordPress Ihre eigene Webseite oder einen Blog erstellt, ist die Arbeit noch nicht getan. An diesem Punkt trennt sich die Spreu vom Weizen – denn Profis pflegen und optimieren Ihre Webseite kontinuierlich. Wie Sie mithilfe von Webanalyse-Werkzeugen Ihre Besucher kennenlernen und neue Besucher auf Ihre Webseite locken, erfahren Sie auf den folgenden Seiten. Zudem erhalten Sie wichtige Tipps zum Thema Datenschutz.

# Webseite mobil bearbeiten

**WordPress bietet Ihnen die Möglichkeit,** Ihre Internetseite auch über den Browser Ihres Smartphones oder Tablets zu bearbeiten. Loggen Sie sich dazu ganz einfach ins Back-End Ihrer Webseite ein.

### Vorteile der mobilen Nutzung

Wer den Bekanntheitsgrad seiner Webseite durch viele wöchentliche Beiträge und/oder eine rege Diskussion mit seiner Community im Kommentarbereich steigern will, kann dies auch von unterwegs aus tun.

Auch um die Mobiltauglichkeit eines Beitrags oder des gesamten Designs zu testen – um also zu prüfen, ob selbst auf kleinen, schmalen Displays, hochkant und quer gehalten, alles korrekt angezeigt wird –, eignet sich ein Smartphone am besten.

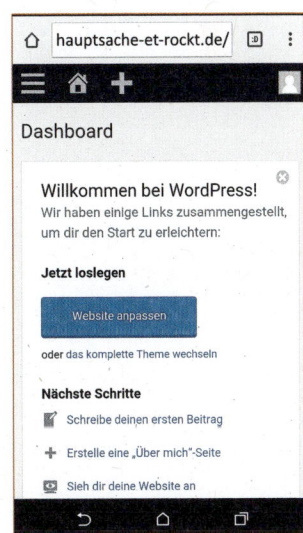

### Nachteile der mobilen Nutzung

Nachteilig ist, dass nicht alle Benutzeroberflächen für die mobile Nutzung optimiert sind. Formatierungen, Plug-in-Einstellungen und andere Feinheiten klappen auf dem Smartphone schlechter als am PC. Je nach Menge der Texte, Formatierung und Verlinkungen kann die Arbeit auf Dauer mühselig werden. Auch die grafische Wirkung an sich sowie das Layout können am PC weitaus besser kontrolliert werden.

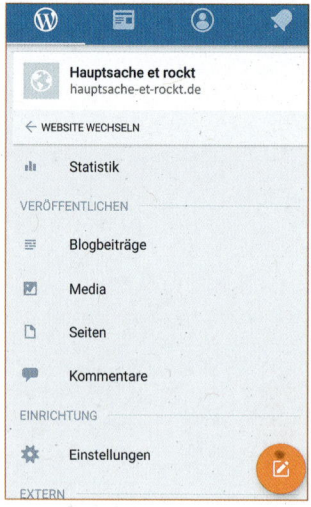

### Die WordPress-App

Wer oft von unterwegs aus bloggt, kann die mobile WordPress-App installieren. Diese gibt es fürs iPhone oder iPad sowie für Android-Geräte (siehe Word-Press.org/mobile).

Im Grunde ist die App dafür da, WordPress.com-Konten zu verwalten. Trotzdem können Sie im Anmeldefenster der App auf *Selbst-gehostete Webseite hinzufügen* klicken und Ihre Webseite nutzen oder bearbeiten. Die App ist relativ übersichtlich; nicht alle Optionen sind verfügbar, und Plug-ins etwa lassen sich nicht verwalten. Dafür ist sie sehr leistungsfähig und das Schreiben von Beiträgen gestaltet sich weit einfacher als im mobilen Browser.

# Suchmaschinenoptimierung: Bei Google gefunden werden

**Von wie vielen Menschen** wird Ihre Webseite eigentlich besucht? Und wie fanden diese den Weg zu Ihnen? Viele Webseiten-Betreiber machen sich zu wenig Gedanken darüber, wie sie Besucher auf ihre Seite locken können. Das ist vergleichbar mit einem Restaurantbesitzer, der keine Werbung macht: Bleiben die Gäste aus, wird er sein Restaurant bald wieder schließen müssen.

Machen Sie also auf sich aufmerksam. Informieren Sie Ihre Familie, Freunde und Bekannte über Ihren Internetauftritt. Schalten Sie gegebenenfalls Werbung und teilen Sie Ihre Beiträge auf Facebook und in anderen sozialen Medien. Darüber hinaus sollten Sie aber auch die Suchmaschinen nicht vergessen.

Das Google-Ranking ist mit entscheidend dafür, wie viele Besucher auf Ihre Webseite aufmerksam werden. Die Kunst ist es, Ihre Webseite beim Googeln nach bestimmten Wörtern oder Phrasen möglichst weit oben in den Suchergebnissen zu platzieren. Dies lässt sich in der Tat beeinflussen. Der Begriff für diese Arbeit lautet Suchmaschinenoptimierung (Englisch search engine optimization, kurz SEO).

### Die wichtigsten SEO-Regeln

Um bei Google gefunden zu werden, müssen Sie zunächst ein paar Grundregeln beherzigen.

▶ **Gute Themes:** Aus SEO-Sicht sind Themes dann geeignet, wenn sie von den Entwicklern sauber programmiert wurden. Dies trifft auf die meisten WordPress-Themes zu, weswegen WordPress im Allgemeinen einen guten Ruf bei Google genießt. Hinzu kommt aber auch, dass eine Webseite nicht überladen sein darf. Ist ein Theme sehr umfangreich und verursacht eine hohe Ladezeit, wird es von den Bots der Suchmaschinen negativ bewertet.

▶ **Übersichtliche Navigation:** Verzichten Sie auf umfangreiche Untermenüs und verschachtelte Ebenen. Das Hauptmenü sollten Sie schlicht halten.

▶ **Titel und Untertitel:** Passen Titel und Untertitel zu Ihrer Webseite? Der von WordPress voreingestellte Untertitel lautet „Just Another WordPress Site". Den Untertitel sollten Sie also unbedingt ändern, damit Ihre Webseite sich von der Masse besser abhebt: Besuchen Sie im Back-End *Design > Anpassen > Website-Einstellungen*. Hier können Sie Ihrer Webseite einen entsprechenden Untertitel zuweisen.

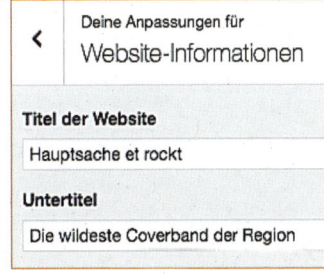

→ **Webseiten-Icon anlegen**

In den Webseiten-Einstellungen im *Anpassen*-Bereich können Sie auch ein Webseiten-Icon (auch Favicon genannt) anlegen. Das sollten Sie

**Website-Icon**

*Das Website-Icon wird als Browser- und App-Icon für deine Website genutzt. Icons müssen quadratisch und mindestens 512 Pixel breit und hoch sein.*

unbedingt tun. Denn bisher befindet sich im Browsertab oben nur ein Standard-Dokumenten-Icon, das im Vergleich zu den Browsertab-Icons anderer Seiten untergeht. Laden Sie also ein kleines, quadratisches Logo hoch, das zu Ihrer Webseite passt. Achten Sie darauf, dass das Bild nicht zu kleinteilig ist, da man Details in dem winzigen Favicon nicht gut erkennen kann.

▶ **Relevante Themen:** Über Gott und die Welt zu bloggen, mag Spaß machen, sorgt aber nicht automatisch für viele Leser. Überlegen Sie sich, welche Themen allgemein von Interesse sind und in welchen Bereichen noch Bedarf besteht. Zwar gibt es im Web bereits viele Seiten zu den unterschiedlichsten Themen, nicht alle jedoch sind gut gemacht. Mit spannenden Ideen und packenden Texten können Sie also auf jeden Fall trumpfen.

▶ **Ältere Blogbeiträge:** Der Inhalt Ihrer Webseite wird nicht nur dadurch wertvoller, dass Sie regelmäßig neue Beiträge posten, sondern auch durch die Aktualisierung älterer Blogbeiträge.

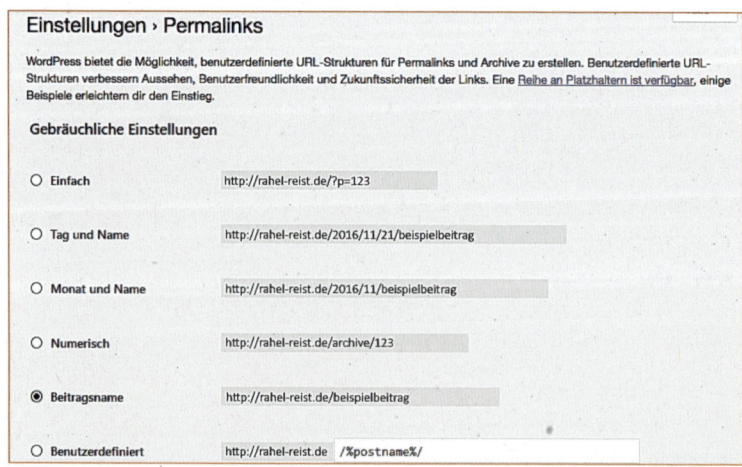

▶ **Permalinks:** Aktuell werden Ihre Beiträge und Seiten unter einer URL gespeichert, die nach Ihrer Domain eine Zahlenkette aufweist (etwa: www.meine-seite.de/?p=123). Ein solcher Link ist zwar kompakt, aber nicht aussagekräftig. Ändern Sie ihn besser: Rufen Sie die Unterseite *Einstellungen > Permalinks* auf und wählen Sie *Beitragsname* als Standardeinstellung (also: www.meine-seite.de/es-geht-los).

▶ **Viel verlinken:** Fügen Sie Ihren Texten Links hinzu – sowohl zu eigenen Beiträgen als auch zu fremden. Denn so zeigen Sie Google und Co., dass Sie Ihren Lesern wirklich Mehrwert bieten möchten.

▶ **Bilder korrekt benennen:** Ersetzen Sie Dateinamen wie beispielsweise IMG1234 durch treffende Namen. Versehen Sie Ihre Fotos nach dem Upload außerdem mit einem passenden Titel und einem Alternativtext.

Es gibt noch viele weitere Regeln und Empfehlungen. Dies sind aber die grundlegenden Tipps. SEO ist keine leichte Aufgabe, für den Erfolg einer Webseite jedoch ist die Suchmaschinenoptimierung unerlässlich. Es ist deshalb kaum verwunderlich, dass es ganze Berufsgruppen gibt, die sich mit SEO befassen und deren alltägliche Aufgabe es ist, Webseiten im Google-Ranking ganz nach oben zu bringen.

### Beiträge optimieren mit Yoast SEO

Haben Sie alle grundlegenden Einstellungen vorgenommen und sich an die Empfehlungen gehalten, können Sie sich bei der Suchmaschinenoptimierung Ihrer Webseite helfen lassen. Das beliebteste Werkzeug hierfür ist das Plug-in *Yoast SEO*. Diese Erweiterung ermöglicht die bessere Auffindbarkeit Ihrer Blogbeiträge.

**1** Besuchen Sie im Back-End Ihrer Webseite den Bereich *Plugins > Installieren* und suchen Sie nach dem Plug-in mit dem Namen *Yoast SEO*.

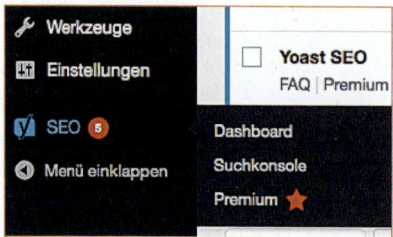

Aktivieren Sie das Plug-in anschließend. Ab sofort erhält das Menü links einen neuen Abschnitt namens *SEO*. Klicken Sie diesen an.

**2**  Zunächst gelangen Sie zum Plug-in-eigenen Dashboard: Hier erhalten Sie Hinweise auf SEO-technische Probleme sowie sonstige Benachrichtigungen. Beispielsweise werden Sie darauf aufmerksam gemacht, sollten Sie Ihrer WordPress-Seite noch keinen Untertitel gegeben haben. Probleme, auf die Sie hier hingewiesen werden, sollten Sie direkt beseitigen, da *Yoast SEO* sonst nicht richtig arbeiten kann.

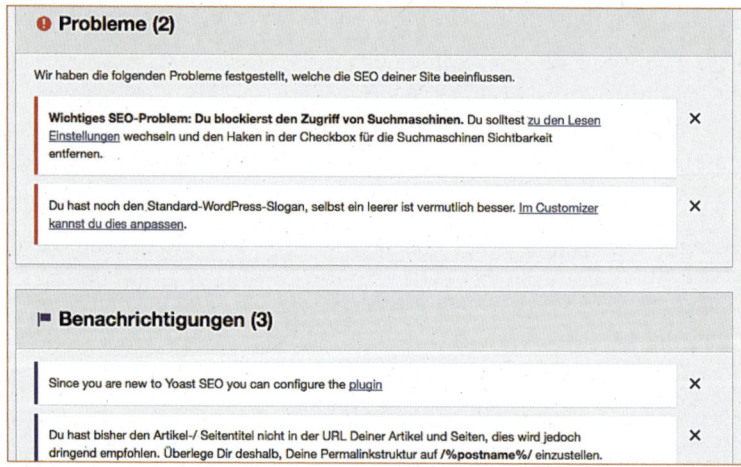

**3**  Nun geht es darum, *Yoast SEO* zu konfigurieren: Wählen Sie im *SEO*-Bereich den Reiter *Allgemein* und klicken Sie auf *Configuration wizard*.

**4**  Nun startet eine mehrstufige Einrichtungssequenz (größtenteils in englischer Sprache). Voreingestellte Angaben können Sie

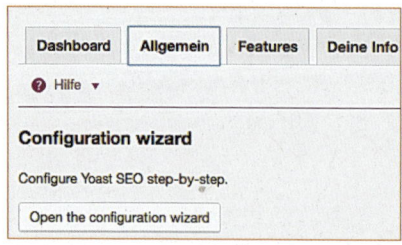

so belassen, wenn Sie mögen. Den Newsletter müssen Sie natürlich nicht abonnieren. Auch können Sie die Frage nach einem Code für die Google Search Console ignorieren. Es ist ratsam, unter *Environment* die *Form Production* zu wählen. Geben Sie unter *Site Type* an, ob Sie einen Blog, eine News-Seite, eine Unternehmenswebseite oder eine andersartige Seite betreiben. Fügen Sie unter *Social profiles*

den Link zu Ihrer Facebook-Seite ein (nicht zu Ihrem persönlichen Facebook-Profil), sofern vorhanden. Tragen Sie außerdem Links zu weiteren sozialen Medien wie Twitter oder Google+ ein. So erfahren die Suchmaschinen, dass Ihre Webseite auch in den sozialen Medien aktiv vertreten ist, was sich positiv auf die Suchmaschinenplatzierung Ihrer Webseite auswirkt.

**5** Nun geht es an die eigentliche Optimierung: Öffnen Sie einen bestehenden Blogbeitrag. Dort sehen Sie oben rechts über dem *Aktualisieren*-Button zwei weitere Felder: *Lesbarkeit* und *SEO*. Idealerweise sind beide Felder grün („Gut") oder zumindest orange („OK") markiert. Ist dies nicht der Fall, müssen Sie Hand anlegen. Unterhalb des Blogposts

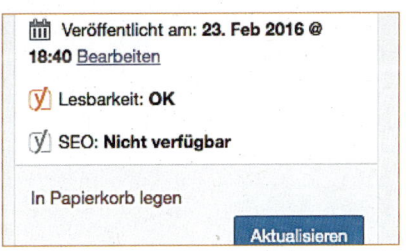

sehen Sie einen ganz neuen Bereich, der von *Yoast SEO* eingebaut wurde. Hier müssen Sie unter *Fokus-Keyword* einen Begriff angeben, der zu Ihrem Beitrag passt und ein Suchwort bei Google sein könnte.

**6** Nun müssen Sie überprüfen, ob Ihr Beitrag und Ihr gewähltes Fokus-Keyword zusammenpassen. Oder anders gesagt: Wie hoch ist die Wahrscheinlichkeit, dass Ihr Beitrag gefunden wird, wenn jemand nach dem besagten Keyword googelt? Hierzu finden Sie unten eine Analyse, die Ihnen aufzeigt, welche SEO-Maßnahmen bereits erledigt sind und welche weiteren Schritte Sie bestenfalls machen sollten. In dem hier verwendeten Beispiel wurde bemängelt, dass das Keyword zu selten im Artikel zu finden ist, weshalb der Beitrag dahin gehend optimiert werden sollte.

**7** Außerdem muss die sogenannte Meta-Beschreibung an das Keyword angepasst werden. Die vorläufige Meta-Beschreibung finden Sie über dem Keyword-Feld. Es handelt sich hierbei um den Text, der in der Google-Suchergebnisliste angezeigt wird. Da der Platz begrenzt ist, müssen Sie den Metatext gegebenenfalls anpassen. Das funktioniert, indem Sie auf *Code-Schnipsel bearbeiten* kli-

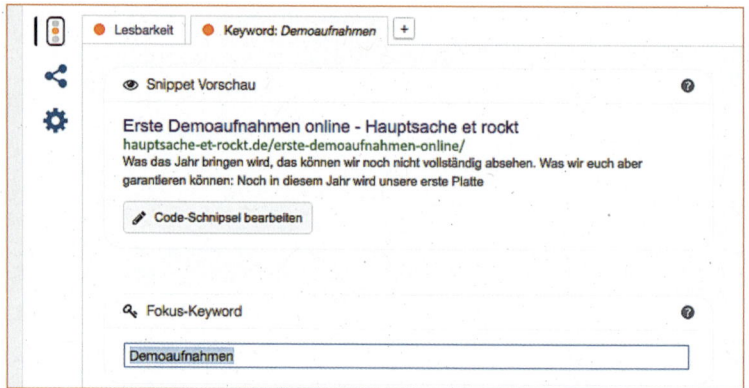

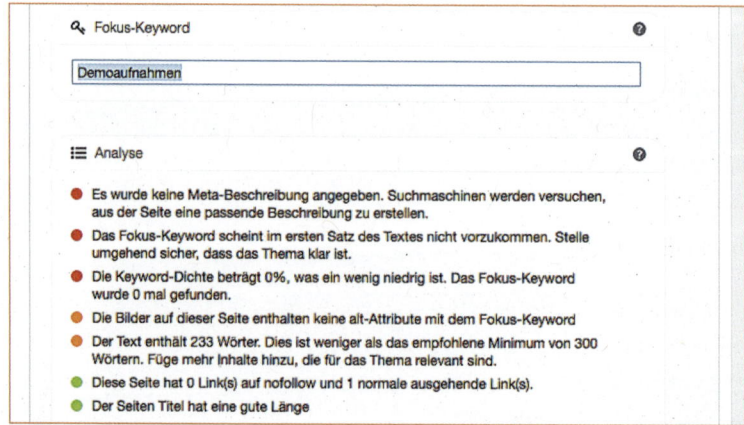

cken. Im hier aufgeführten Beispiel sind der Link sowie der Titel einwandfrei. Sie passen von der Länge und auch das Keyword wurde berücksichtigt. Die Meta-Beschreibung allerdings muss in der Regel und am besten manuell bearbeitet werden: Schreiben Sie hier eine kurze, passende Zusammenfassung zu Ihrem Beitrag. Fügen Sie das Keyword ein und sorgen Sie dafür, dass der Text dazu anregt, den Beitrag aufzurufen und zu lesen.

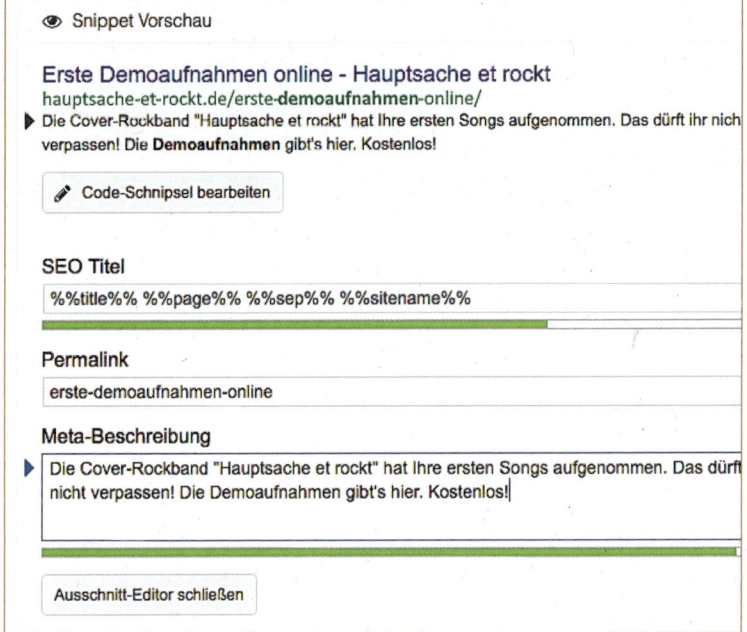

**8** Wenn alles in Ordnung ist, erscheint oben im *Yoast*-Bereich ein grüner Punkt auf dem Reiter mit dem Keyword. Jetzt ist Ihr Beitrag aus SEO-Sicht einwandfrei. Überprüfen Sie abschließend noch die *Lesbarkeit*, indem Sie den entsprechenden Reiter anklicken.

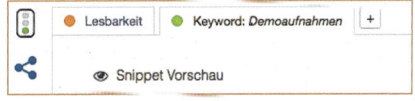

**9** Hier erhalten Sie Tipps, wie Sie Ihren Artikel lesbarer gestalten können. Im Beispielbeitrag sollten etwa Überschriften hinzugefügt werden, um dem Text mehr Struktur zu verleihen. Klicken Sie am Ende auf den *Aktualisieren*-Button, um die Änderungen abzuspeichern. Bearbeiten Sie all Ihre Beiträge auf diese Art und Weise und bringen Sie Ihre Webseite im Google-Ranking so schrittweise nach oben.

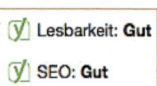

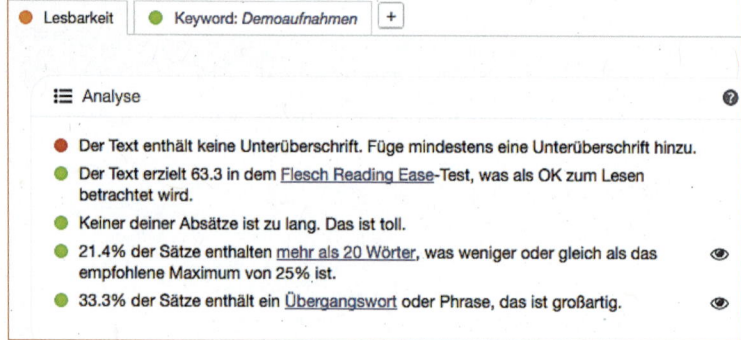

# Den Datenschutz berücksichtigen

**Jede Webseite benötigt ein Impressum** (siehe „Statische Seiten anlegen: Impressum und Betreiberinfo", S. 83). Führen Sie kein Impressum auf, laufen Sie Gefahr, abgemahnt zu werden.

Ebenso wie mit dem Impressum verhält es sich in Deutschland auch mit der Datenschutzklausel oder -erklärung. Legen Sie deshalb gegebenenfalls eine weitere statische Seite an.

**Mit einer Datenschutzklausel Besucher informieren**

Die Angaben zum Datenschutz sind auf einer Webseite entweder ein Teil des Impressums (zum Beispiel unterhalb der üblichen Impressumsinformationen) oder aber werden auf einer Unterseite aufgeführt.

Im Grunde ist eine Datenschutzklausel dann wichtig, wenn Sie mittels Ihrer Webseite Nutzerdaten erheben. Da Sie den Besuchern im Impressum sowie gegebenenfalls zusätzlich auf einer Kontakt-Unterseite Ihre Kontaktdaten zur Verfügung stellen, besteht die Möglichkeit, dass Sie per E-Mail Anfragen zu Ihrer Webseite erhalten. Somit haben Sie – wenn auch nicht gewollt – personenbezogene Daten über Ihre Besucher

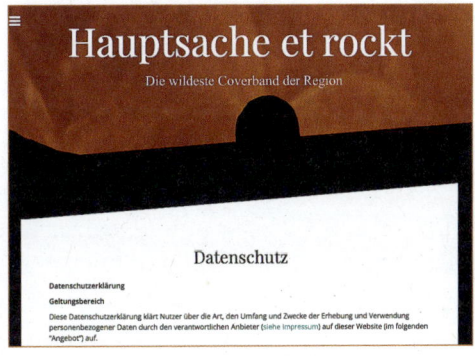

erhoben. Hinzu kommt, dass nahezu alle Webspace-Provider Besucherdaten erheben, um diese auszuwerten. Unter Umständen bietet Ihr Webspace-Anbieter im Administrator-Bereich auch kleine Webanalyse-Tools an, mit denen Sie die Besucherdaten auswerten können. Allein deshalb ist eine Datenschutzklausel in Deutschland unerlässlich. Im Rahmen dieser Erklärung müssen Sie Ihre Leser über alles informieren, was im Zusammenhang mit der Erhebung und Speicherung von Daten steht.

**Die korrekte Datenschutzerklärung**

Eine solche Datenschutzerklärung ist aber nicht immer gleich, sondern unterscheidet sich dadurch, welche Daten konkret erhoben werden. Neben der allgemeinen Datenschutzerklärung müssen Sie gegebenenfalls auf weitere Möglichkeiten der Datenerhebung hinweisen – erst recht, wenn diese Daten auch von Dritten eingesehen werden können. Überprüfen Sie, ob einer oder mehrere der folgenden Punkte zutreffen:

► **Kommentarfunktion:** Bieten Sie bei Ihren Beiträgen die Möglichkeit an, Kommentare zu posten? In diesem Fall werden IP-Adressen und, je nach Vorgabe, weitere Daten wie zum Beispiel E-Mail-Adressen gespeichert.

► **Social-Media-Buttons:** Haben Sie auf Ihrer Webseite Facebook-Like-Buttons, Twitter-Schaltflächen oder dergleichen eingebaut? Wenn ja, dann sollten Sie (und auch Ihre Webseite-Besucher) wissen, dass die Anbieter dieser Anwendungen Nutzerdaten sammeln und auswerten.

► **Analyse-Werkzeuge:** Nutzen Sie Web-Analyseangebote wie Piwik oder Google Analytics (siehe „Google Analytics ...", S. 169), um zu ermitteln, welche Personengruppen Ihre Webseite besuchen?

► **Cookies:** Speichert Ihre Webseite Cookies auf den Rechnern Ihrer Besucher, zum Beispiel, wenn diese Kommentare auf Ihrer Webseite hinterlassen oder gewisse Einstellungen bearbeiten? Die Cookies genannten Textdateien sorgen dafür, dass sich Ihre Webseite an wiederkehrende Besucher erinnert. Diese müssen dann nicht mehr alle Daten erneut eingeben. Verwenden Sie also Cookies, müs-

§ **eRecht24**                                     RATGEBER    NEWS    MITGLIEDER

Erstellen Sie Ihre eigene Datenschutzerklärung

Wählen Sie nachfolgend die gewünschten Bestandteile für die Datenschutzerklärung auf Ihrer Webseite aus. Der passende Formulierung für Ihre Webseite wird im nachfolgenden Text automatisiert für Sie zusammengestellt. Darunter finden Sie den Quellcode für die Enbindung in Ihre Webseite.

☑ **Allgemeine Datenschutzerklärung**
☑ **Datenschutzerklärung für Cookies**
☑ **Datenschutzerklärung für Server-Log-Dateien**
☑ **Datenschutzerklärung für Kontaktformular**
☐ **Datenschutzerklärung für Newsletterversand**
☑ **Datenschutzerklärung für Google Analytics**
☐ **Datenschutzerklärung für etracker**

sen Sie Ihre Besucher darauf hinweisen. Übrigens: Sobald Sie einen der eben genannten Social-Media-Buttons oder ein Analyse-Werkzeug nutzen, werden Cookies auf jeden Fall angelegt.

Je nachdem, welche dieser Punkte zutreffen, muss die Erklärung entsprechend gestaltet werden. Um eine möglichst vollständige Datenschutzklausel zu verfassen, sollten Sie die kostenfreien Webangebote auf e-recht24.de (Schaltfläche Muster Datenschutz) oder datenschutz-generator.de nutzen.

## Auf Cookies hinweisen

Seit einigen Jahren erscheinen auf immer mehr Webseiten kleine Einblendungen mit dem Hinweis, dass Cookies verwendet werden. Obwohl diese Einblendungen überall zu sehen sind, sind sie nicht zwingend notwendig.

Zwar fordert die EU, dass Webseite-Besucher per Mausklick die Nutzung von Cookies akzeptieren, doch hat die deutsche Justiz diese Regel noch nicht umgesetzt. Sie sind in Deutschland also nicht dazu verpflichtet, einen Hinweis auf den Gebrauch von Cookies auf Ihrer Webseite einzublenden.

Möchten Sie auf Nummer sicher gehen, können Sie einen solchen Hinweis dennoch einrichten, zumal es sich hier um keine schwierige Aufgabe handelt und die Einblendung Ihre Besucher auch nicht stören wird.

**1**  Besuchen Sie im Back-End Ihrer Website den Bereich *Plugins > Installieren*. Suchen Sie nach der Erweiterung mit dem Namen *Italy Cookie Choices (for EU Cookie Law)* und installieren Sie diese. Aktivieren Sie das Plug-in anschließend. Um den Cookie-Hinweis einzurichten, gehen Sie nun zu der neuen Back-End-Seite *Einstellungen > Italy Cookie Choices.*

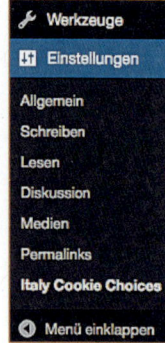

**2** Setzen Sie zunächst ein Häkchen unter *Activate*. Legen Sie dann unter *Where display the banner* fest, wo genau der Hinweis eingeblendet werden soll: am oberen Rand, als schwebendes Infofenster oder am unteren Rand?

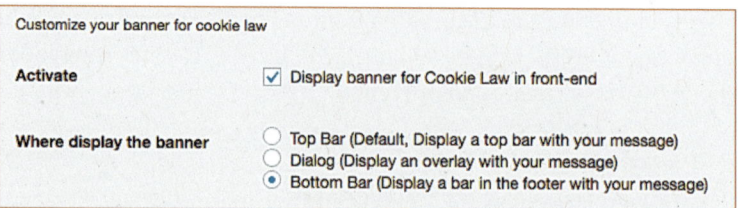

**3** Geben Sie unter *Text to display* den gewünschten Infotext ein. Orientieren Sie sich an dem hier verwendeten Beispiel (siehe Bild) oder an den vielen anderen Cookie-Hinweisen, die Sie online finden können.

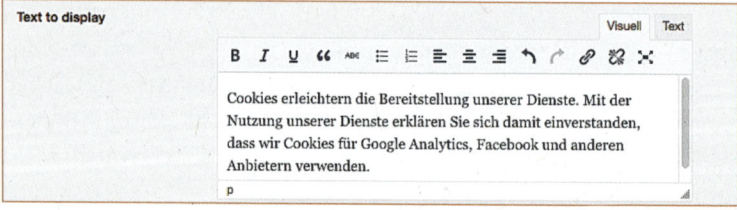

**4** Fügen Sie dann unter *URL for cookie policy* die Webadresse zu Ihrer Datenschutzklausel ein und tragen Sie unter *Anchor text for URL* den Text ein, der nach einem Klick auf den Datenschutz-Link angezeigt werden soll (zum Beispiel *Weitere Informationen*).

**5** Im Feld *Button text* geben Sie an, auf welchen Text der Besucher klicken muss, um die Bedingungen anzunehmen und den Hinweis auszublenden (zum Beispiel *OK* – aber natürlich ginge auch *Let's rock'n'roll*). Die Benutzer bestätigen die Funktion so oder so mit einem Klick auf diese Schaltfläche.

| | |
|---|---|
| **URL for cookie policy** | http://example.de/datenschutz# |
| | Insert here the link to your policy page <u>otherwise create a new one and then add URL to this input</u> Start typing first two letters of the name of the policy page and then select it from the menu below the input |
| **Cookie policy page slug** | e.g. privacy-e-cookie |
| | Insert your cookie policy page slug (e.g. for the page http://www.miodominio.it/privacy-e-cookie/ the slug is **privacy-e-cookie**). In this way it will display only the topbar in your cookie policy page, the scroll and the second view will be deactivated in that page too. Start typing first two letters of the name of the policy page and then select it from the menu below the input |
| **Anchor text for URL** | Weitere Informationen    Insert here anchor text for the link |
| **Button text** | OK    Insert here name of button (e.g. "Close") |

Änderungen übernehmen

**6** Im unteren Bereich können Sie noch Farben und weitere Einstellungen vornehmen, diese sind aber zu vernachlässigen.

**7** Klicken Sie abschließend ganz unten auf *Änderungen übernehmen* und laden Sie Ihre Webseite neu.

Wenn Sie Ihre Webseite nun neu laden, erscheint ab jetzt der Cookie-Hinweis. Er erscheint so lange, bis Sie oder der Besucher den *OK*-Button klickt.

Sofern Ihre Benutzer Cookies behalten, auch wenn sie den Browser schließen und wieder öffnen, erscheint die Schaltfläche im Anschluss nicht mehr. Andernfalls muss die Verwendung immer aufs Neue mit *OK* bestätigt werden.

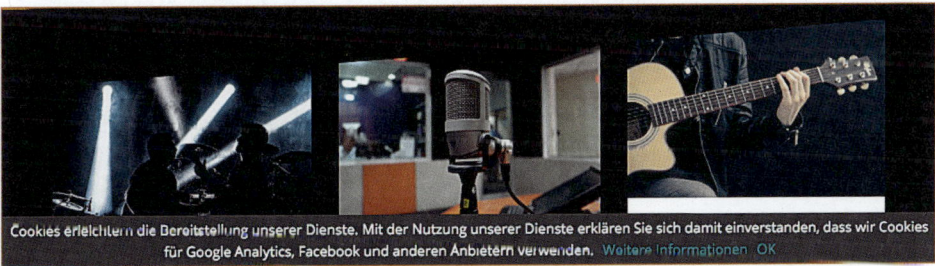

Cookies erleichtern die Bereitstellung unserer Dienste. Mit der Nutzung unserer Dienste erklären Sie sich damit einverstanden, dass wir Cookies für Google Analytics, Facebook und anderen Anbietern verwenden. Weitere Informationen  OK

# Webanalyse:
# Besucher kennenlernen

**Eine Webseite bietet einen besonderen Vorteil:** Es lässt sich relativ genau ermitteln, wer die Seite besucht hat, was die Person dort gemacht hat und was sie für Vorlieben hat.

Was auf den ersten Blick erschreckend wirkt, ist besonders für diejenigen Webseite-Betreiber hilfreich, die ihre Seite zu kommerziellen Zwecken nutzen. Die Möglichkeit, ganze Besuchergruppen genau zu analysieren, bietet ein Ladengeschäft beispielsweise nicht.

Wenn nicht an der Supermarktkasse die Postleitzahl der Käufer abgefragt wird, erfährt ein Geschäftsführer nicht, woher seine Kunden kommen. Bei einer Webseite ist das viel einfacher.

### Webanalyse-Werkzeuge

Der Vorgang, mittels dessen Nutzerdaten erhoben und ausgewertet werden können, nennt sich Webanalyse. Webanalyse-Tools gibt es in verschiedenen Formen – am erfolgreichsten sind jedoch diejenigen, die von großen Anbietern entwickelt und verwaltet werden oder die sich auf dem eigenen Server installieren lassen.

Die namhaftesten Angebote sind Piwik und Google Analytics:

▶ **Piwik** ist ein Open-Source-Programm (ein quelloffenes Programm, das von Dritten eingesehen werden kann), das auf Ihrem Server arbeitet und von dort aus Daten über die Nutzung Ihrer Webseite einholt sowie auswertet.

▶ **Google Analytics** muss nicht extra installiert werden. Es handelt sich stattdessen um einen Webdienst, der sich mit Ihrer Webseite verbindet und Daten zur Analyse ermittelt.

Leicht in der Handhabung sind solche Webanalyse-Werkzeuge nicht. Vor allem sind sie sehr umfangreich und dienen Webexperten, die besonders ausführlich und aufwendig arbeiten, als wichtige Hilfsmittel. Dennoch können auch Einsteiger von solchen Analyse-Tools profitieren. Im Folgenden sehen Sie, wie Sie *Google Analytics* einrichten und gewinnbringend nutzen können.

## Google Analytics einrichten

Die Schaltzentrale von *Google Analytics* finden Sie unter analytics.google.com. Damit Sie dieses Werkzeug nutzen können, benötigen Sie ein Google-Konto. Wenn Sie noch keines haben, können Sie eines mittels eines Google-Produkts Ihrer Wahl (Android-Geräte, Suchmaschine, Google Mail, Google Drive, YouTube, Google Kalender etc.) kostenlos erstellen.

Wie genau Sie *Google Analytics* starten und Ihre Webseite mit dem Tool verknüpfen, erfahren Sie hier:

**1** Rufen Sie in Ihrem Browser analytics.google.com auf. Klicken Sie oben rechts auf *Anmelden*. Alternativ können Sie auch ein neues *Konto erstellen*.

**2** Es erscheint ein Fenster mit der Überschrift *Professionelle Websiteanalysen in nur 3 Schritten*. Klicken Sie hier ebenfalls auf *Anmelden*.

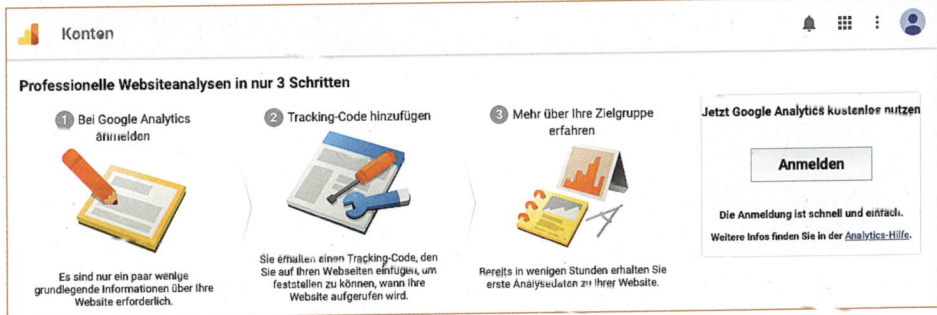

**3** Sie werden nun aufgefordert, ein neues Analytics-Konto (nicht zu verwechseln mit dem übergeordneten Google-Konto) einzurichten. Geben Sie Ihrem Analyse-Konto einen Namen und tragen Sie die Adresse Ihrer Webseite ein. Des Weiteren müssen Sie Ihre Branche angeben, damit die Software von Anfang an auf Ihre Bedürfnisse angepasst ist. Im gleichen Formular nehmen Sie die sogenannten Datenfreigabeeinstellungen vor: Entscheiden Sie selbst, welche der Datenschutzoptionen Sie auswählen und welche nicht.

**4** Haben Sie alle Einstellungen vorgenommen, müssen Sie nur noch unten auf *Tracking-ID abrufen* klicken und anschließend den Nutzungsbedingungen zustimmen.

Konten

Neues Konto

Was möchten Sie erfassen?

| Website | Mobile App |

Tracking-Methode

Für diese Property wird Universal Analytics verwendet. Klicken Sie auf *Tracking-ID abrufen* und implementieren Sie das Snippet mit dem Tracking-Code von Universal Analytics, um die Einrichtung abzuschließen.

Konto einrichten

**Kontoname** erforderlich
Konten sind die oberste Organisationsebene und enthalten eine oder mehrere Tracking-IDs.

Mein Analytics-Konto

Property einrichten

**Name der Website** erforderlich

Hauptsache et rockt

**Website-URL** erforderlich

http:// ▼   http://example.de/

**Branche** ⑦

Kunst und Unterhaltung ▼

Tracking-ID abrufen

**5** Nun wird der Bereich *Verwaltung* Ihres Analytics-Kontos ange-zeigt. Hier finden Sie Ihre sogenannte Tracking-ID. Diese besteht aus einer Nummer, beginnend mit UA. Darunter finden Sie einen Code, den Sie kopieren müssen. Dieser muss auf Ihrer Webseite ein-gebaut werden, damit sie sich mit *Google Analytics* verbinden kann.

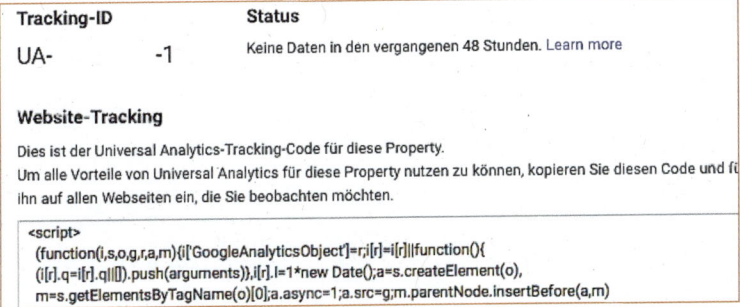

**6** Da eine Webseite aus mehreren Quelltext-Dateien besteht, stellt sich hier zunächst die Frage, wo der Analytics-Tracking-Code eingesetzt werden soll. Eine ideale Stelle ist der Kopf der Webseite, also der Header. Dieser ist in einer eigenen Datei abgespeichert. Öffnen können Sie diese im Back-End Ihrer Webseite: Gehen Sie zu

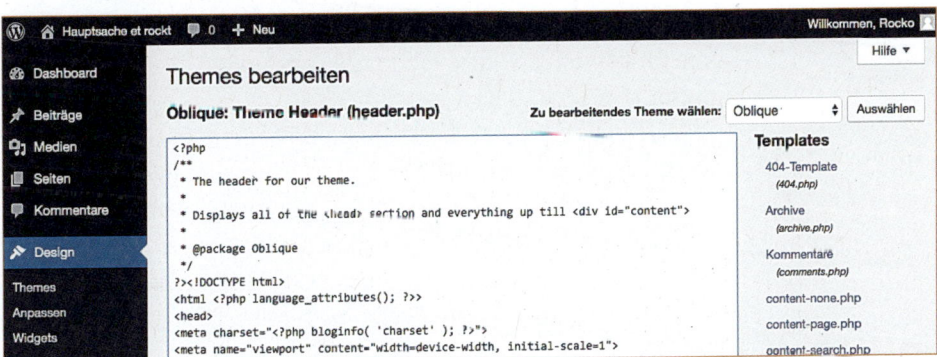

*Design > Editor* und suchen Sie am rechten Rand nach *header.php*. Klicken Sie die Datei an, sodass sie im großen Textfeld erscheint.

**7** Suchen Sie über die Suchfunktion mit *Strg + F* nach dem Code-schnipsel *</head>*. Fügen Sie vor dem Code einen Absatz sowie den Code von *Google Analytics* ein. Klicken Sie dann ganz unten auf der Seite auf *Datei aktualisieren*.

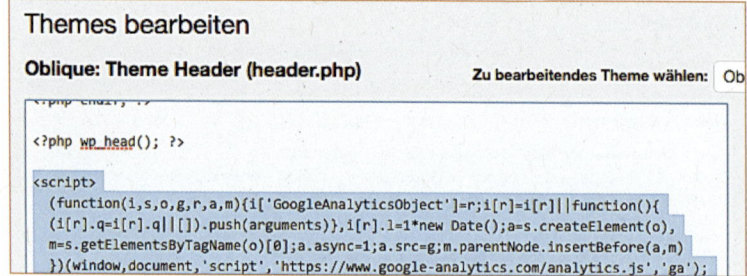

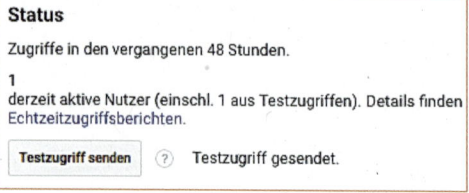

**8** Nun ist Ihre Webseite mit *Google Analytics* verknüpft. Es kann allerdings bis zu 24 Stunden dauern, bis im soge-nannten Dashboard der Analyse-Platt-form unter analytics.google.com die ersten Daten angezeigt werden.

### Überprüfung der Funktion

Dennoch können Sie jetzt schon überprüfen, ob die Verknüpfung funktioniert:

**1** Besuchen Sie wieder die Tracking-Code-Seite in *Google Analytics* (unter *Verwaltung > Property-Einstellungen > Tracking-Informationen*).

**2** Klicken Sie dort neben der Tracking-ID auf *Testzugriff senden*.

**3** Gelingt der Testzugriff, wird dies über dem Button als *1 derzeit aktive Nutzer (einschl. 1 aus Testzugriffen)* bestätigt.

# Google Analytics: Juristische Stolperfallen vermeiden

**Bevor Sie sich nun der tief greifenden Analyse widmen,** müssen Sie sich zunächst abermals mit dem Thema Datenschutz auseinandersetzen. Denn wenn Sie Google Analytics nutzen, müssen Sie Ihre Besucher auf Ihrer Webseite darauf aufmerksam machen. Außerdem müssen Sie den Quellcode erneut anpassen, damit die Besucher die Möglichkeit haben, ihre Daten zu schützen. Sollten Sie dies nicht tun, sind Ihre Datenschutzklauseln unvollständig und Sie machen sich strafbar. Sichern Sie sich also ab.

## IP-Adressen anonymisieren

Zunächst einmal müssen Sie die IP-Adressen der Besucher anonymisieren: Das bedeutet, dass die IP-Adressen so verändert werden, dass sie von Google nicht mehr vollständig zu lesen sind. So wahren Sie den Datenschutz Ihrer Webseite-Besucher und können dank *Google Analytics* dennoch ausreichend Informationen auswerten.

Um die Anonymisierung zu gewährleisten, muss der zuvor eingefügte Analytics-Tracking-Code mittels der Code-Erweiterung *anonymizeIp* angepasst werden, die die letzten drei Ziffern von IP-Adressen löscht.

**1** Rufen Sie im Back-End Ihrer Webseite *Design > Editor* auf und öff-

```
Oblique: Theme Header (header.php)          Zu bearbeitendes Theme w

<?php wp_head(); ?>

<script>
  (function(i,s,o,g,r,a,m){i['GoogleAnalyticsObject']=r;i[r]=i[r]||function(){
  (i[r].q=i[r].q||[]).push(arguments)},i[r].l=1*new Date();a=s.createElement(o)
  m=s.getElementsByTagName(o)[0];a.async=1;a.src=g;m.parentNode.insertBefore(a,
  })(window,document,'script','https://www.google-analytics.com/analytics.js',

  ga('create', 'UA-XXXXXXXXX-1', 'auto');
  ga('send', 'pageview');

</script>

</head>

<body <?php body_class(); ?>>
<div id="page" class="hfeed site">
      <a class="skip link screen-reader-text" href="#content"><?php e( 'Skip
```

nen Sie die Datei *header.php*. Gehen Sie in dem Dokument an die Stelle, an der Sie zuvor den Tracking-Code eingefügt haben.

**2** Suchen Sie am Ende des Analytics-Codes nach zwei Zeilen, die mit *ga* beginnen. Fügen Sie zwischen diesen beiden Zeilen einen Absatz ein und setzen Sie dort *ga('set', 'anonymizeIp', true);* ein.

```
})(window,document,'script','https://www.google-an

ga('create', 'UA-XXXXXXXXX-1', 'auto');
ga('send', 'pageview');

</script>
```

```
ga('create', 'UA-XXXXXXXXX-1', 'auto');
ga('set', 'anonymizeIp', true);
ga('send', 'pageview');
```

Datei aktualisieren

**3** Klicken Sie unten auf *Datei aktualisieren*, und die Anonymisierung der IP-Adressen ist gewährleistet.

Außerdem müssen Sie Ihre Datenschutzerklärung entsprechend erweitern. Hier empfiehlt sich der umfangreiche Google-Analytics-Passus, der unter www.datenschutz-generator.de angeboten wird. Am Ende des Textes ist ein spezieller Link zu finden: Dieser sogenannte Opt-Out-Link funktioniert jedoch nur, wenn Sie im Code von WordPress entsprechende Änderungen vornehmen. Wie das geht und was es mit „Opt-Out" auf sich hat, erfahren Sie jetzt.

### Opt-out: Datenerfassung als Besucher unterbinden

In Bezug auf den Datenschutz ist es auch wichtig, dass Sie den Besuchern Ihrer Webseite die Möglichkeit bieten, die Erfassung ihrer Daten für *Google Analytics* schnell und einfach zu unterbinden. Dies ist möglich, indem im Browser des Besuchers ein sogenannter Opt-out-Cookie gesetzt wird.

Am einfachsten für Sie ist es, wenn Sie dem Besucher anbieten, ein spezielles Browser-Add-on zu installieren, falls er für Google Analytics unsichtbar bleiben möchte. Das Add-on legt ein Opt-out-Cookie an, das dem Google-Dienst mitteilt, den Besuch nicht zu werten. Das Add-on ist unter https://tools.google.com/dlpage/gaoptout zu finden. In der Datenschutzerklärung sollten Sie Ihren Besuchern den Link zu eben diesem Add-on anbieten.

Doch nicht in jedem Browser lassen sich Add-ons installieren. Für Smartphone-Nutzer beispielsweise sollte eine andere Option zum Widerspruch gegen die Datenerfassung angeboten werden. Hierbei handelt es sich ebenfalls um einen anklickbaren Link, der in der Muster-Datenschutzerklärung zu finden ist.

Damit dieser Link funktioniert, müssen Sie erneut einen speziellen Code im Header Ihrer Webseite platzieren.

**1**  Zunächst benötigen Sie den Opt-out-Code. Sie finden Ihn unter: https://developers.google.com/analytics/devguides/collection/gajs/?hl=de#example. Falls Sie das nicht abtippen möchten, ist hier ein Kurz-Link zur gleichen Adresse: https://goo.gl/yPbppX.

---

⬤ ⬤ ⬤     📄 Google Analytics Datenschutzerklaerung und Opt-Out-

```
Analytics-Kontos aus.


<script>
// Set to the same value as the web property used on the site
var gaProperty = 'UA-XXXX-Y';

// Disable tracking if the opt-out cookie exists.
var disableStr = 'ga-disable-' + gaProperty;
if (document.cookie.indexOf(disableStr + '=true') > -1) {
  window[disableStr] = true;
}

// Opt-out function
function gaOptout() {
  document.cookie = disableStr + '=true; expires=Thu, 31 Dec 2099
  window[disableStr] = true;
}
</script>
```

---

**2**  Markieren Sie den gesamten Code von *<script>* bis *</script>* (wie auf dem Screenshot) und kopieren Sie ihn.

**3**  Besuchen Sie im Back-End Ihrer Webseite den Bereich *Design >Editor* und öffnen Sie die Datei *header.php*. Suchen Sie in dem Dokument die Stelle, in der Sie zuvor den Tracking-Code eingefügt haben.

```
<?php wp_head(); ?>

<script>
  (function(i,s,o,g,r,a,m){i['GoogleAnalytics
  (i[n] a-i[n] all[]) nush(arguments)} i[n]
```

**4** Direkt vor dem kompletten Tracking-Code – also noch vor *<script>* – fügen Sie den zusätzlichen Code ein.

```
<script>
// Set to the same value as the web property used on the site
var gaProperty = 'UA-XXXX-Y';

// Disable tracking if the opt-out cookie exists.
var disableStr = 'ga-disable-' + gaProperty;
if (document.cookie.indexOf(disableStr + '=true') > -1) {
  window[disableStr] = true;
}

// Opt-out function
function gaOptout() {
  document.cookie = disableStr + '=true; expires=Thu, 31 Dec 2099 23:59:59 UTC;
path=/';
  window[disableStr] = true;
}
</script>
```

```
<script>
// Set to the same value as the web property used on the site
var gaProperty = 'UA-XXXX-Y';

// Disable tracking if the opt-out cookie exists.
```

Alternativ zum Browser-Add-On oder innerhalb von Browsern auf mobilen Geräten, klicken Sie bitte diesen Link, um die Erfassung durch Google Analytics innerhalb dieser Website zukünftig zu verhindern. Dabei wird ein Opt-Out-Cookie auf Ihrem Gerät abgelegt. Löschen Sie Ihre Cookies, müssen Sie diesen Link erneut klicken.

**5** Im Opt-out-Code finden Sie die Stelle *UA-XXXX-Y*. Diesen Blindtext müssen Sie gegen Ihre Tracking-ID von *Google Analytics* austauschen.

**6** Klicken Sie abschließend auf *Datei aktualisieren*. Sobald der dazugehörige Datenschutzpassus mit dem Opt-out-Link in Ihre Datenschutzseite eingefügt wurde, kann der Besucher per Mausklick die Webanalyse deaktivieren.

Haben Sie *Google Analytics* eingerichtet, für die Anonymisierung der IP-Adressen gesorgt und die Datenschutzerklärung bearbeitet, ist Ihre Webseite hinsichtlich des Analysetools datenschutzkonform. Sie können nun mit der Webanalyse loslegen.

Info

**Vertrag mit Google:** Streng genommen müssen Sie bei der Nutzung von *Google Analytics* einen Vertrag mit dem Suchmaschinenunternehmen abschließen. Im Rahmen dieses Vertrags erlauben Sie Google, die mittels Ihrer Webseite erhobenen Daten in Ihrem Interesse zu verarbeiten. Einen Entwurf für einen solchen Vertrag inklusive weiterführender Informationen finden Sie unter goo.gl/V5FGJm.

# Google Analytics in der Praxis

**Zugegeben: Analyse-Tools für Webseiten** sind nicht gerade leicht zu bedienen, zu durchschauen und auszuwerten. *Google Analytics* bildet keine Ausnahme.

Positiv hingegen ist, dass Einsteiger überhaupt die Möglichkeit haben, solche Analyse-Werkzeuge verwenden zu können. *Google Analytics* wirkt hin und wieder kompliziert, es lässt sich aber meistern.

### Die Benutzeroberfläche

Wenn Sie sich mit Ihrem Google-Konto auf analytics.google.com anmelden, finden Sie eine Menge an Unterseiten und Berichten vor, die Sie zunächst erschrecken könnten.

Doch keine Angst! Wenn Sie sich ein wenig mit den unterschiedlichen Bereichen vertraut gemacht haben, wird Analytics schon wesentlich verständlicher.

Sehen Sie sich die folgende Übersicht an, in der wir alle wichtigen Bereiche kurz erklären.

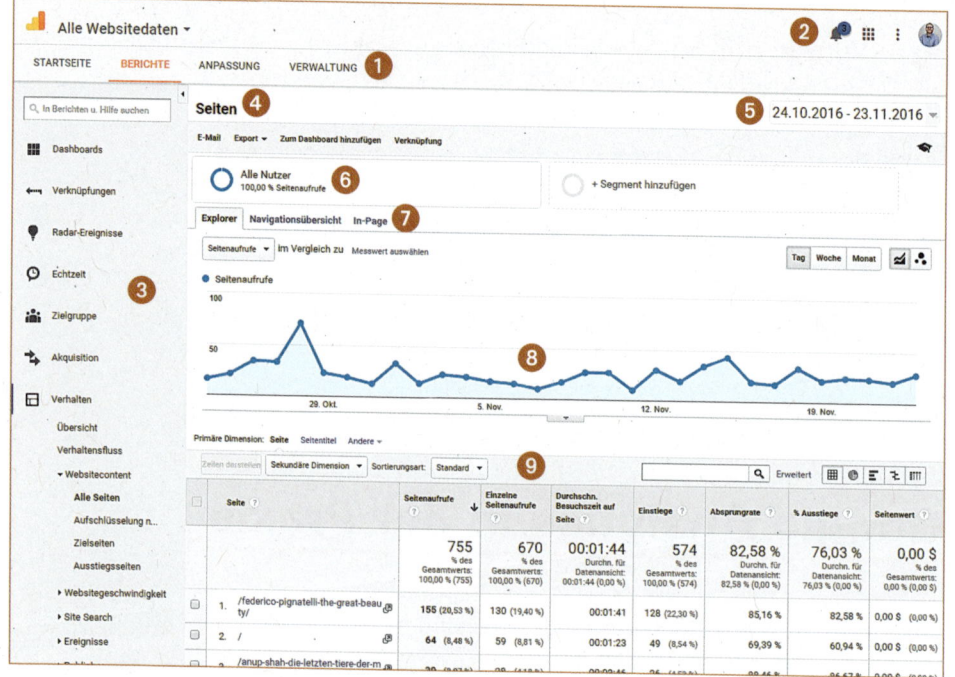

**❶ Reiter:** Gleich oben finden Sie Verlinkungen zu den vier Haupt-bereichen von *Google Analytics*. Am wichtigsten sind die *Berichte* und die Unterseite *Verwaltung*.

**❷ Kontoeinstellungen:** Oben rechts können Sie Ihr Google-Konto verwalten, Nutzereinstellungen bearbeiten und Benachrichtigungen mit Warnmeldungen und Empfehlungen lesen.

**❸ Navigation:** Mit ihr gelangen Sie zu den unterschiedlichen Berichten und Unterberichten. Befinden Sie sich im Analytics-Bereich *Berichte* (siehe 1), finden Sie links die Berichtsnavigation.

## Unterschiedliche Berichtstypen

Im Hauptbereich *Berichte* wird eine Fülle an unterschiedlichen Daten angeboten. Wir stellen Ihnen die drei wichtigsten Gruppen vor:

► **Zielgruppe:** Hier erhalten Sie interessante Informationen über die Besucher Ihrer Webseite. Woher kommen sie, welchen Browser nutzen sie und handelt es sich um Stammgäste?

► **Akquisition:** Hier wird berichtet, wie die Besucher auf Ihre Webseite gestoßen sind. Überprüfen Sie, ob Ihre Werbemaßnahmen fruchten.

► **Verhalten:** Hier sehen Sie, was ein Besucher auf Ihrer Webseite macht. Es lässt sich genau nachvollziehen, wie sich die Masse der Besucher durch Ihre Webseite klickt.

**❹ Aktueller Bericht:** Welchen Bericht Sie aktuell ausgewählt haben, wird oben im Berichts-Header angezeigt. Hier können Sie den jeweiligen Bericht auch *Zum Dashboard hinzufügen*. Das Dashboard ist eine Art Pinnwand mit den für Sie wichtigsten Analysedaten und Informationen – vergleichbar mit dem Dashboard Ihrer WordPress-Seite.

**❺ Datumsauswahl:** Diese finden Sie oben rechts unter den Kontoeinstellungen. Sie ist sehr wichtig, denn hier können Sie wählen, für welchen Zeitraum der jeweilige Bericht angezeigt werden soll. Möchten Sie die Analysedaten einer bestimmten Kalenderwoche einsehen? Oder benötigen Sie einen Bericht für das komplette letzte Jahr?

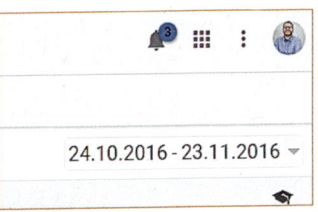

**❻ Segmentauswahl:** Unter dem Berichts-Header können Sie das zu berücksichtigende Segment ändern. Ein Segment kann zum Beispiel *Alle Nutzer* sein. Hier werden sämtliche Besuche berücksichtigt, die in dem gewünschten Zeitraum stattgefunden haben. Es können aber auch lediglich eingeschränkte Daten angezeigt werden, zum Beispiel nur Zugriffe über Mobiltelefone. Es ist möglich, mehr als nur ein Segment zu wählen: Lassen Sie in der Grafik zum Beispiel Graphen sowohl für die Mobiltelefon- als auch für die Tablet-Zugriffe angezeigt. Solche Vergleiche können bei genauen Analysen sehr praktisch sein.

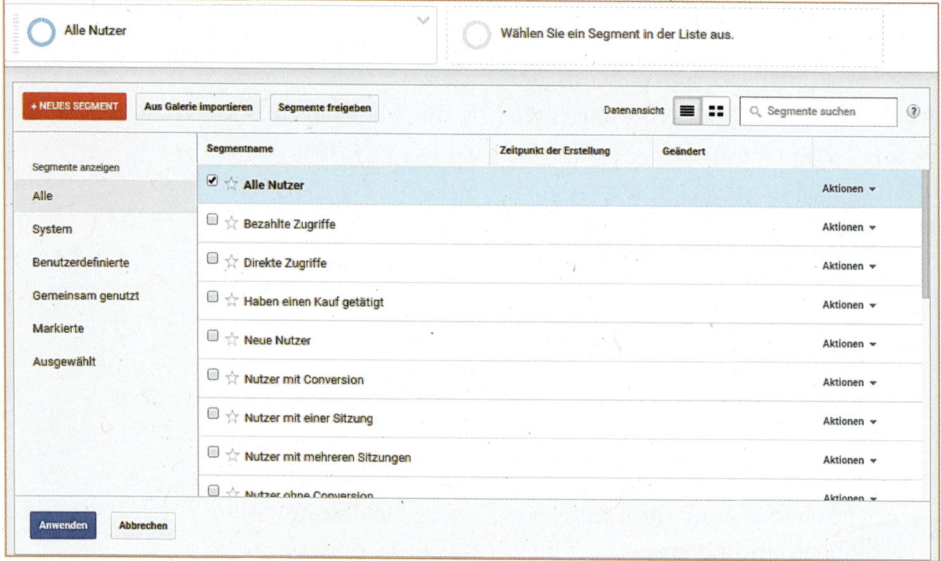

**❼ Bericht-Tabs:** Direkt unter der Segmentauswahl werden die Bericht-Tabs angezeigt. Bei manchen Berichten ist hier nur ein Tab zu sehen, doch manchmal werden mehrere Tabs angeboten: Hier können Sie zwischen verschiedenen Ansichten wechseln. Interessant ist der Tab *In-Page*: Hier wird direkt anhand Ihrer Webseite visualisiert, welche Link-Buttons wie oft angeklickt werden. Probieren Sie es aus!

**❽ Statistikkurve:** Die Grafikansicht im Hauptbereich sticht als Erstes ins Auge und bietet Ihnen einen visuellen Eindruck vom Erfolg Ihrer Seite.

**❾ Analysedaten:** Diese finden Sie im unteren Bereich. Oben links neben der Tabelle können Sie je nach Belieben die *Primäre Dimension* und die *Sekundäre Dimension* auswählen. Sie können nicht nur alle Unterseiten nach der Anzahl der Aufrufe auflisten, sondern auch Letztere bezüglich der Herkunft Ihrer Besucher aufschlüsseln lassen. In diesem Fall wählen Sie im Drop-down-Menü *Sekundäre Dimension* die Auswahl *Nutzer > Region* oder *Nutzer > Stadt*. So können Sie ganz einfach analysieren, welche Beiträge in einer bestimmten Region Deutschlands besser ankommen als in anderen.

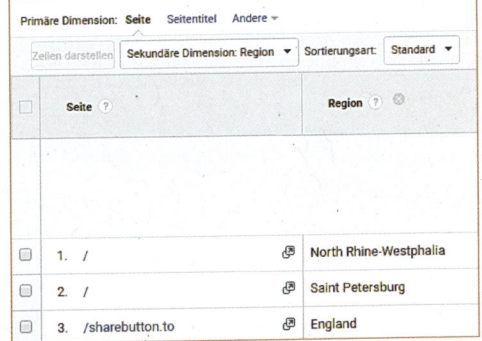

Im Folgenden finden Sie einen weiteren Vorschlag für eine Webanalyse.

## Das Verhalten der Webseite-Besucher

Eine der ersten Aktionen, die Sie mit *Google Analytics* durchführen sollten, ist die Analyse des Nutzerverhaltens: Sehen Sie sich genau an, welche Unterseiten Ihre Nutzer anklicken, auf welcher Unterseite sie wie viel Zeit verbringen und an welcher Stelle sie abgesprungen sind.

Wenn Sie diesen Rat beherzigen, können Sie mithilfe der gewonnenen Erkenntnisse Ihre Webseite entsprechend optimieren. Anhand des folgenden Praxisbeispiels können Sie eine mögliche Vorgehensweise nachvollziehen:

Wollen Sie beispielsweise erfahren, wie die Benutzer zu Ihrer Webseite gelangen und welche Unterseite sie als Erstes sehen? Kommen die meisten Besucher in erster Linie über die Startseite auf Ihre Webseite? Oder gelangen Sie über andere Wege direkt zu einem speziellen Blogbeitrag? Dies können Sie herausfinden, indem Sie analytics.google.com besuchen und sich einloggen.

**1** Gehen Sie in der oberen Leiste auf den Reiter *Berichte*. Wählen Sie nun in der rechten Leiste *Verhalten > Websitecontent > Zielseiten* aus.

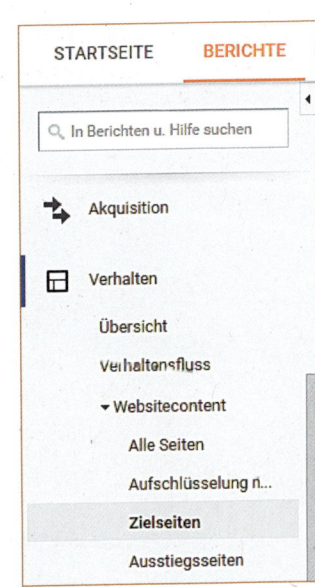

**2** Unten in der Tabelle sehen Sie nun alle Unterseiten nach der Menge der Sitzungen sortiert. Möchten Sie den Betrachtungszeitraum ändern, können Sie dies oben links in der Datumsauswahl.

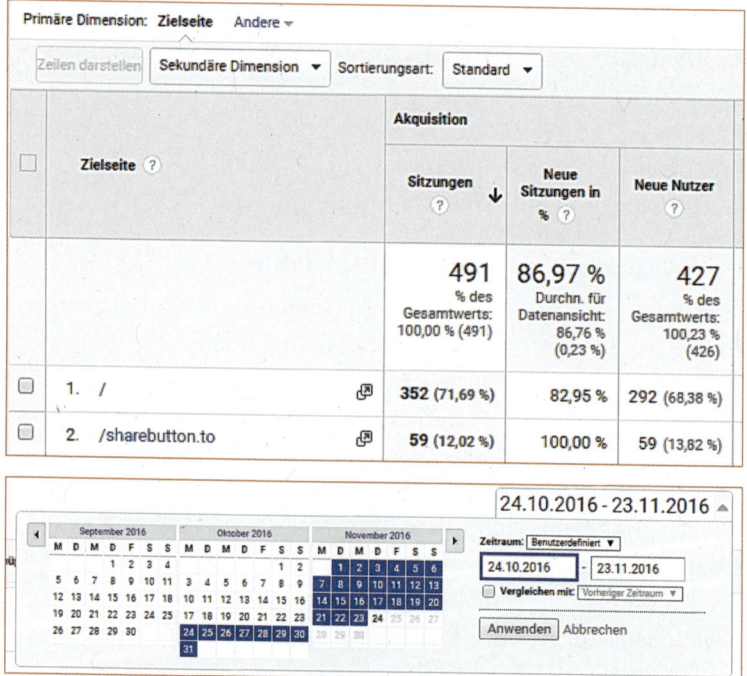

Nicht immer gelangen die Besucher über die Startseite auf Ihre Webseite. Vielleicht hat einer Ihrer Beiträge einen Nerv getroffen und wird in anderen Blogs oder auf Facebook oft geteilt. So ein Quereinstieg kann sehr wirksam sein: Sind Besucher erst einmal bei Ihnen, sind die Chancen groß, dass sie sich auch weitere Inhalte auf Ihrer Webseite ansehen. Möchten Sie wissen, wie genau Besucher (ohne Umweg über die Startseite) zu diesem Beitrag kommen – etwa um diesen Erfolg zu reproduzieren –, kann *Google Analytics* Ihnen das verraten:

**1** Klicken Sie hierfür zunächst in der Zielseiten-Tabelle auf den Link der betreffenden Unterseite. Diese erscheint dann automatisch in der Tabelle.

**2** Klicken Sie nun über der Tabelle auf *Sekundäre Dimension* und wählen Sie im Drop-down-Menü *Akquisition > Quelle*.

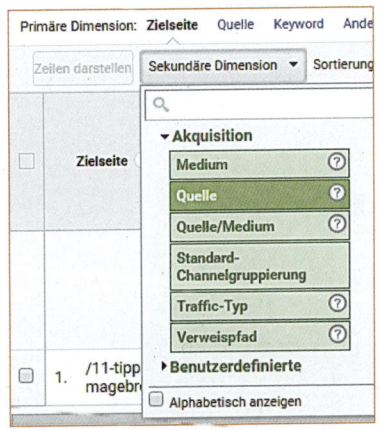

**3** Nun sehen Sie, ob der Blogeintrag die meisten Besucher über eine Suchmaschine oder zum Beispiel über Facebook angelockt hat. In dem hier gezeigten Beispiel gelangen die meisten Besucher über eine Google-Suche zu dem Beitrag.

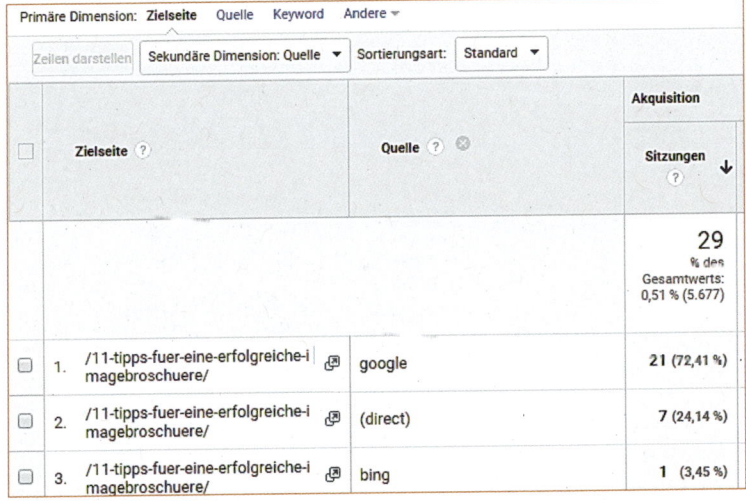

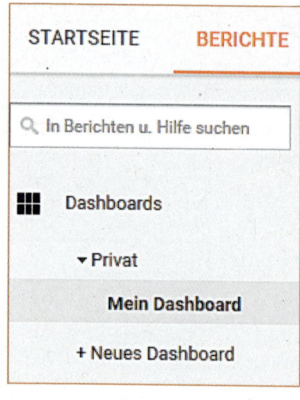

**STARTSEITE**   BERICHTE

In Berichten u. Hilfe suchen

Dashboards

▼ Privat

**Mein Dashboard**

+ Neues Dashboard

## Die wichtigsten Daten bündeln

Wenn Sie *Google Analytics* intensiver nutzen, werden Sie bestimmte Berichte regelmäßiger aufrufen als andere. Deshalb sollten Sie das Menü mithilfe des Dashboards anpassen, zu dem Sie im Bereich *Berichte* über die Berichtsnavigation auf der linken Seite gelangen.

Hier ist ein bereits voreingestelltes Dashboard zu sehen: Wichtige Daten, Tabellen und Diagramme werden in Form von Widgets angezeigt. Mit einem Klick auf *Widget hinzufügen* können Sie weitere Daten einbezie-

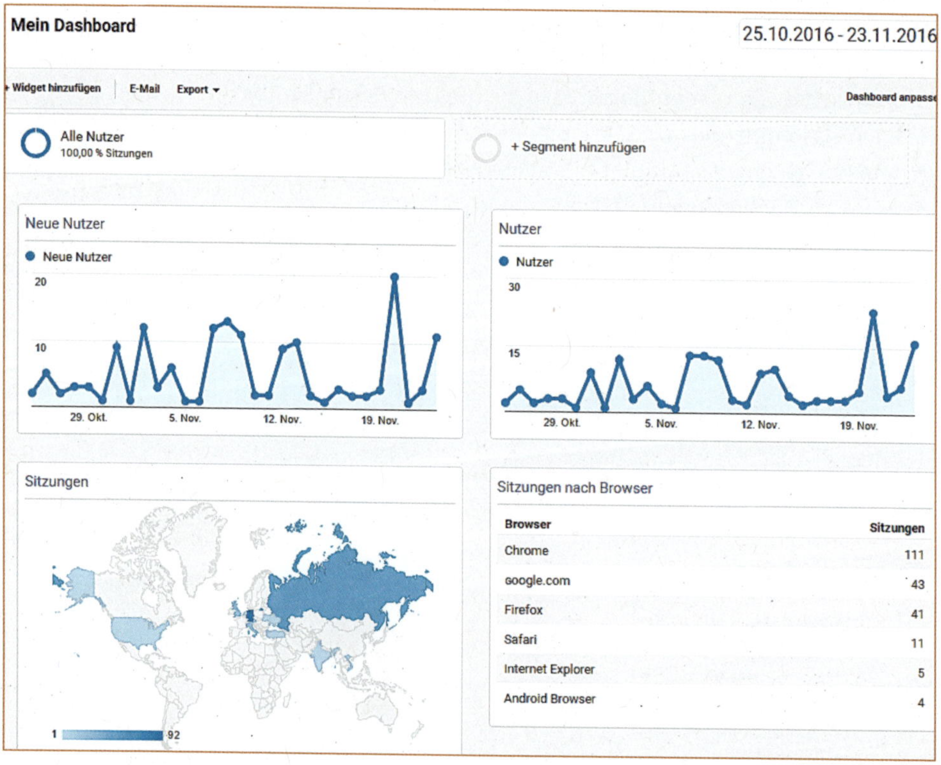

**Mein Dashboard**                                                      25.10.2016 - 23.11.2016

Widget hinzufügen    E-Mail    Export ▾                                    Dashboard anpasse

Alle Nutzer
100,00 % Sitzungen

+ Segment hinzufügen

**Neue Nutzer**

● Neue Nutzer

**Nutzer**

● Nutzer

**Sitzungen**

1 — 92

**Sitzungen nach Browser**

| Browser | Sitzungen |
|---|---|
| Chrome | 111 |
| google.com | 43 |
| Firefox | 41 |
| Safari | 11 |
| Internet Explorer | 5 |
| Android Browser | 4 |

hen. Erstellen Sie so Ihr ganz persönliches Kontrollzentrum zur Überwachung Ihrer Webseite – oder erstellen Sie mehrere Dashboards, die jeweils kurz und übersichtlich gerade die Informationen anzeigen, die Sie bei Ihrer derzeitigen Analyse benötigen.

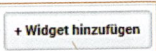

## Das Webanalyse-Werkzeug schrittweise kennenlernen

So können Sie Google Analytics Schritt für Schritt kennenlernen – und auf diesem Wege auch wichtige Erkenntnisse über Ihre Webseite erlangen. Das Interessante ist: Man selbst hat oft eine ganz eigene Wahrnehmung und ist felsenfest davon überzeugt, dass dieses oder jenes Thema ein Publikumsmagnet sein wird. Eine Webanalyse kann falsche Erwartungen schnell als solche entlarven.

Wenn Sie eine umfassende Hilfestellung für den Gebrauch von Google Analytics benötigen, bieten zum Beispiel die *?*-Icons erste Informationen. Mit einem Klick auf das *Doktorhut*-Symbol, die Sie rechts oben in vielen Analytics-Bereichen finden, erhalten Sie interessante Tipps. Ferner finden Sie unter support.google.com/analytics ein umfangreiches Hilfeverzeichnis.

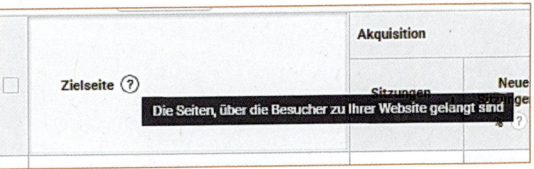

# Google Trends

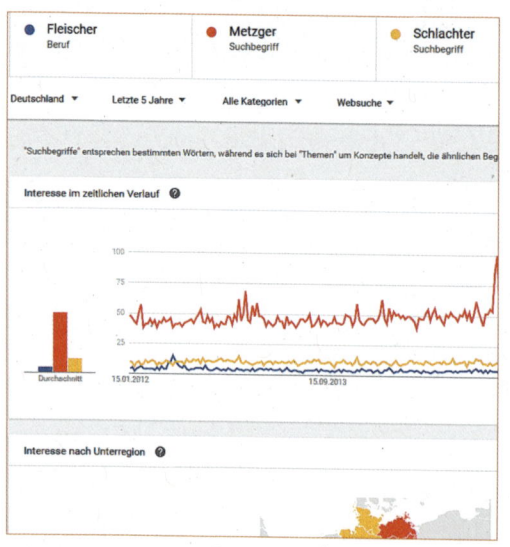

**Diesen kostenlosen Dienst** finden Sie unter www.google.de/trends. Mit ihm können Sie ohne Anmeldung prüfen, wie oft ein Begriff in einem bestimmten Land und in einem bestimmten Zeitraum im Vergleich zu einem anderen Begriff bei Google gesucht wird. Die Ausschläge zeigen aber nur das Verhältnis zum jeweils anderen Suchbegriff: „Schlachter" übertrifft etwa „Fleischer" – aber das Suchvolumen für „Metzger" übertrifft beide um ein Vielfaches.
Saisonale Schwankungen des Interesses am einem Thema werden durch die Statistik ebenso sichtbar wie regionale Unterschiede bei den Suchanfragen. All diese Informationen können Sie nutzen, wenn Sie einen Beitrag schreiben.

# WordPress voll im Griff

**Mit diesem Ratgeber** haben Sie sich einen sehr guten Überblick über WordPress verschafft. Ziel war es, Sie mit WordPress vertraut zu machen und Ihnen bei den ersten Schritten zu helfen.
Hatten Sie im Vorfeld noch keine Ahnung von WordPress oder dem Betrieb einer Webseite, können Sie jetzt stolz auf sich sein: Schritt für Schritt haben Sie Ihre eigene, professionelle Webseite erstellt!

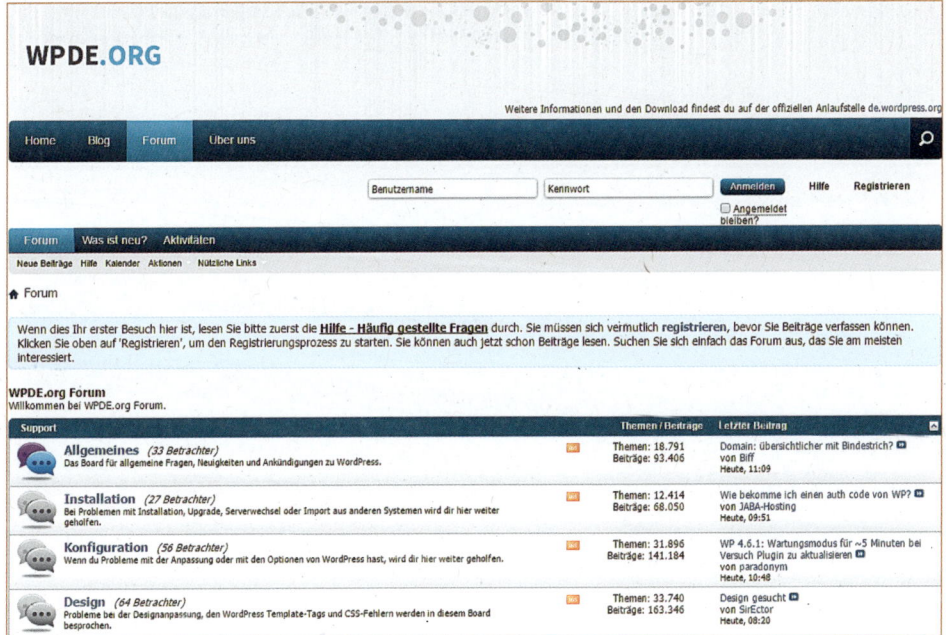

## Weiterführende Hilfestellungen erhalten

WordPress ist so konzipiert, dass Sie mithilfe von Software, Themes und Plug-ins individuelle Webseiten erstellen können. Ab einem gewissen Punkt jedoch werden die Fragen spezieller und die Arbeit kleinteiliger. Benötigen Sie also weiterhin Hilfe, die Ihnen dieses Buch nicht bieten kann, können Sie sich online nach der entsprechenden Hilfestellung bzw. einem Tutorial umsehen.

Unter de.wordpress.org/hilfe finden Sie Anleitungen sowie Links zu mehreren Foren – allen voran zum deutschen wordpress.org-Forum und der ersten deutschen WordPress-Community wpde.org. Hier können Sie ganz speziell nach Problemlösungen suchen.

Sie werden sehen: Wenn Ihnen die Arbeit an der eigenen Webseite Spaß macht, werden Sie im Laufe der Zeit selbst zum WordPress-Experten.

# Hilfe

## Stichwortverzeichnis

**Die Autoren** Markus Fasse und Marius von der Forst schreiben Artikel zu verschiedenen Verbraucherthemen, darunter zu den Schwerpunkten IT und Webgestaltung. In ihrem beruflichen Alltag arbeiten sie regelmäßig mit der Websoftware WordPress und haben mit ihr schon viele Webprojekte erfolgreich realisiert.

© 2017 Stiftung Warentest, Berlin

Stiftung Warentest
Lützowplatz 11–13
10785 Berlin
Telefon 0 30/26 31–0
Fax 0 30/26 31–25 25
www.test.de
email@stiftung-warentest.de

USt-IdNr.: DE136725570

**Vorstand:** Hubertus Primus
**Weitere Mitglieder der Geschäftsleitung:**
Dr. Holger Brackemann, Daniel Gläser

**Programmleitung:** Niclas Dewitz

**Autoren:** Markus Fasse, Marius von der Forst
**Projektleitung:** Johannes Tretau

**Lektorat:** Renata Britvec, Berlin
**Mitarbeit:** Veronika Schuster, Berlin
**Korrektorat:** Nicole Woratz, Berlin
**Titelentwurf:** Sylvia Heisler
**Layout, Grafik, Satz:** Sylvia Heisler
**Screenshots:** Markus Fasse, Marius von der Forst
**Bildnachweis:** shutterstock (Titel); istock, avenue-images (Umschlag Rückseite)

**Produktion:** Vera Göring
**Verlagsherstellung:** Rita Brosius (Ltg.), Susanne Beeh
**Litho:** tiff.any, Berlin
**Druck:** Rasch Druckerei und Verlag GmbH & Co. KG, Bramsche

**ISBN: 978-3-86851-238-0**

Wir haben für dieses Buch 100 % Recyclingpapier und mineralölfreie Druckfarben verwendet. Stiftung Warentest druckt ausschließlich in Deutschland, weil hier hohe Umweltstandards gelten und kurze Transportwege für geringe $CO_2$-Emissionen sorgen. Auch die Weiterverarbeitung erfolgt ausschließlich in Deutschland.